D1683613

KLEINE REGENSBURGER VOLKSKUNDE

Heinz Gaßner

Kleine Regensburger Volkskunde

Brauch und Glaube
im alten Regensburg

Neu herausgegeben
und mit einem Vorwort von
Emmi Böck

Mittelbayerische Druck- und Verlags-Gesellschaft
Regensburg

Die Deutsche Bibliothek – CIP-Einheitsaufnahme

Gassner, Heinz:
Kleine Regensburger Volkskunde : Brauch und Glaube im alten Regensburg / Heinz Gassner. Neu hrsg. und mit einem Vorw. von Emmi Böck. – Regensburg : Mittelbayerische Dr.- und Verl.-Ges., 1996
ISBN 3–927529–81–8

Heinz Gaßner
Kleine Regensburger Volkskunde
Brauch und Glaube im alten Regensburg
Neu herausgegeben und mit einem Vorwort von Emmi Böck
© Mittelbayerische Druck- und Verlags-Gesellschaft mbH Regensburg, 1996
Umschlag: Hans Bauer, Regensburg
Satz: Johanna Boy, Brennberg
Gesamtherstellung: Druckzentrum der Mittelbayerischen Zeitung Regensburg

ISBN 3–927529–81–8

Inhaltsverzeichnis

Vorwort der Herausgeberin 9

Brauch und Glaube

Die Familie
1. Geburt 11
2. Kinderschreck 12
3. Liebeszauber 12
4. Hochzeit 13
5. Haussprüche 15
6. Krankheit 16
7. Tod 20

Die Kinder und die Schüler
8. Geheimnisvolle Gestalten 22
9. Umsingen 23
10. Fasenacht 23
11. Rutenfest 23
12. Palmsonntag 24
13. Ostern 24
14. Sonnwend 25
15. Spiele am Wasser 25
16. Reigenspiele 25
17. Fang- und Prügelspiele 27
18. Murmelspiele 27
19. Spielzeug 28
20. Kinderdichtung 28
21. Schicksalsspiele 29
22. Rechtsempfinden 29

Die Handwerker
23. Handwerkerüberlieferung 30
24. Bäckersage 30

25. Das Schupfen der Bäcker 31
26. Teure Zeit 31
27. Brotarten 32
28. Sage von der Wurstküche 32
29. Sagen von Bierbrauern und Wirten 33
30. Wirtshäuser 34
31. Fasenachtsspiel der Schreiner 34
32. Andere Handwerkerfeste 36
33. Handwerkerlieder 37
34. Lehrjungen und Gesellen 39
35. Arbeits- und Freizeit 41
36. Recht 41
37. Dom und Steinerne Brücke als Handwerker-
    denkmäler 42

Die Schützen

38. Die Stahlschützen 42
39. Schützenfeste 43
40. Der Festplatz 44
41. Schützenmünzen 44
42. Prozession und Schutzheiliger 45
43. Die Stadtknechte und die Invaliden 45
44. Mittel zum „gewiß schießen" 45

Brauch und Glaube im Leben der städtischen Gemeinschaft

Feier und Not

45. Neujahr 47
46. Dreikönig 49
47. Fasenacht....................................... 49
48. Wassernot 51
49. Osterzeit 52
50. Himmelfahrt und Pfingsten 52
51. Unwetter und Feuer............................. 53
52. Fronleichnam 53
53. Sonnwend 54
54. Erntedank 54
55. Kirchweih und Dult............................. 54

56. Umritt 55
57. Weihnachten 55

Wunder und Geister

58. Himmelszeichen 56
59. Wunderbare Gewächse 57
60. Wahrsager 57
61. Schatzgräber 58
62. Zauberer und Hexen 58
63. Amulette 59
64. Teufel 59
65. Geister 60
66. Tiere 60
67. Gewässer 61
68. Mönche 61
69. Kreuze 62
70. Die hl. Kümmernis 62
71. Wallfahrten 63

Schuld und Sühne

72. Rechtsdenkmäler 66
73. Scharfrichter 68
74. Schand und Spott 68
75. Juden 69
76. Gauner 70
77. Bürgerschwur 71
78. Das Dollingerlied 72

Herkunftsangaben und Anmerkungen des Verfassers 75

Verzeichnis der in den Anmerkungen abgekürzt angeführten
Druckschriften und der sonstigen Abkürzungen 83

Anmerkungen der Herausgeberin 87

Literatur 92

Sachregister 93

Vorwort der Herausgeberin

Die Zahl der Lehrer, die sich in Bayern volkskundlich betätigen, ist groß; diejenigen aber unter ihnen, die die Heimat- und Volkskunde wirklich bereicherten durch solide und eigenständige gewissenhafte Arbeit, kann man – das gilt auch für unsere Tage – an einer Hand abzählen.

Heinz Gaßner nun zähle ich zu diesen wenigen. In der ihm zugemessenen kurzen Lebenszeit – er sollte nur knappe 27 Jahre alt werden – schaffte er es, neben seinen beruflichen Pflichten, seine Heimat sorgsam zu erforschen. Wenn er über Bräuche schreibt, dann geschieht es nicht pauschal-verwaschen, sondern lokalbezogen: hier, und nur hier war es so ... Anders als er darf man Brauchtumsforschung auch gar nicht betreiben!

Als ich vor Jahren zum ersten Mal seinen Aufsatz „Brauch und Glaube im alten Regensburg" las, war ich spontan begeistert, und ich beabsichtigte schon damals, ihn einem breiteren Publikum zugänglich zu machen. Er verdient es. Die Erlaubnis zum Abdruck habe ich von Gaßners Witwe – einer geb. Anna Maria Benl – erhalten, die damals – seit 1943 wiederverheiratet – in Regensburg lebte, aber hier nicht namentlich genannt werden wollte.

Heinz Gaßner – sein Personalakt im Staatsarchiv Amberg (Reg. Kammer des Innern, Abgabe 1949 ff., Nr. 14950) – wurde am 21. Juli 1913 als einziges Kind des Malermeisters Heinrich Gaßner, der aus Mainburg in der Hallertau stammte, und seiner Frau Frieda, geb. Danner, einer gebürtigen Regensburgerin, auch in der Donaustadt geboren. Ihr Vater war ein in Regensburg bekannter Kunstmaler.

Heinz Gaßner gehörte von 1927 bis 1933 der Lehrerbildungsanstalt Amberg an. „Als Schulamtsbewerber wurde Gaßner zu Unterrichtsaushilfen in Regensburg an der Pestalozzischule, Kreuzschule, Augustenschule und in Keilberg verwendet. Unterrichtsaushilfen hatte er auch an den Volksschulen der Orte Karlstein, Tanzfleck, Harthof, Deuerling, Viehhausen und Pettendorf zu leisten. In die Stelle eines Hilfslehrers an der Volksschule Lichtenwald wurde Gaßner am 1. Januar 1938 eingewiesen. Am 1. Februar 1939 wurde [er] zum Lehrer in Lichtenwald ernannt. Gaßner erkrankte an Grippe und war ab 5. Dezember 1939 dienstunfähig. Die Dienstunfähigkeit lt. ärztlicher Bescheinigung von voraussichtlich 8–14 Tagen dauerte bis zu seinem Tod am 2. Mai 1940. Todesursache: Doppelseitige offene Lungentuberkulose ..." (Anna Herrmann, Staatsarchiv Amberg, Schr. vom 19. 3. 1982).

Es blieb ihm erspart, das tragische Ende seiner Mutter mitzuerleben, die kurz nach dem Zweiten Weltkrieg – um 1947 herum – beim Hamstern von Lebensmitteln vom Zug erfaßt und getötet wurde.

Veröffentlichungen Gaßners

Bibliographie des Volksliedes im nordöstlichen Altbayern. Kallmünz 1937 – Brauch und Glaube im alten Regensburg. In: Verhandlungen des Histor. Vereins für Opf. und Regensburg (= VO), Bd. 90, 1940, S. 62–124.

In der Flurnamen-Sammlung im Bereich der Gemarkung Lichtenwald war Heinz Gaßner ebenfalls tätig (Mitteilung Fritz Forster, Heuweg bei Altenthann, 8. 3. 1982); er trug die Flurnamen (von Abrahamacker bis zur Wiese „die Zollnerin") 1938 aus dem Grundbuchsachregister im Amtsgericht Wörth/Donau zusammen.

„Heinz Gaßner war auch musikalisch hochbegabt, vor allem ein exzellenter Klavierspieler. Er versuchte sich auch im Komponieren. Zweifelsohne hätte seine Forschungsarbeit in Heimat und Volkstum noch große Erfolge erzielt, hätte nicht der allzufrühe Tod ... seinem Schaffen ein Ende gesetzt" (wie oben).

In meinen „Regensburger Stadtsagen", S. 559, Anm. 315, würdige ich kurz, welch rühriger und exakter Heimatkundler Gaßner war.

Eine weitere Würdigung, die die Schriftleitung der VO dem Aufsatz „Brauch und Glaube im alten Regensburg" voraussstellte, mag das Bild von Heinz Gaßner abrunden: „... der Verfasser dieser verdienstvollen Abhandlung... zählte zu den jüngeren, zugleich aber eifrigsten Mitarbeitern des Vereins; seine unermüdliche Forschungsarbeit versprach noch schöne Ergebnisse... Sein Name wird durch die folgende Abhandlung, deren Druck er leider nicht mehr erleben sollte, forterhalten werden."

Emmi Böck

Brauch und Glaube

Die Familie

1. Geburt

Einen schönen Glauben haben die Regensburger Kinder noch heute: Kommt ein Brüderlein oder Schwesterlein auf die Welt, so sagen sie, daß es aus dem Dombrunnen heraufgeholt wurde – ein ... Symbol des Heimatgefühls.[1] Im Herzen der Stadt entsteht der kleine Mensch, der einmal mitwirken soll an dem Leben dieser Stadt. Still geht heute die Taufe des neuen Erdenbürgers vor sich. Einstmals aber feierte die Familie die Taufe als ein großes Fest. 1689 sieht sich die Stadt veranlaßt, eine eigene Kindtaufordnung herauszugeben, um die wohl allzu lebhaft gewordenen Feierlichkeiten einzuschränken. „Tauf- und Kindermahlzeiten, Bad- und Herfürgangsmahlzeiten" werden streng verboten. Es gab also verschiedene Gelegenheiten, einen kräftigen Schmaus zu halten: beim ersten Bad des Kindes, bei der Taufe und beim Herfürgang, d. i. beim ersten Ausgang der Mutter nach dem Wochenbett. Auch mit den Geschenken befaßte sich die Ordnung. Verboten wurden die „Dodenhemden" und die „Palverwahr". Dies Wort ist zu deuten als „Balg-Verwahr", ist also ein Geschenk zum Schutze gegen das Vertauschen des neugeborenen Kindes mit einem Wechselbalg. Solche Geschenke bestanden meistens aus einem Beutel mit Münzen, den man den Kindern unter das Kissen legte. Auch „Patengeld" hießen diese Münzen. Sie trugen häufig das Regensburger Wappen oder zeigten in symbolischen Bildern die Taufhandlung. Die Sprüche darauf waren meist aus der Bibel gewählt.[2] Das „Dodenhemd" gewährte ebenfalls einen Schutz gegen die verschiedensten Gefahren. Den Kindern legte man häufig drei Dinge zur „Auswahl" hin: ein Ei, einen Schlüssel und ein Geldstück. „Nimmt se's Oa, werds a Bäuerin, nimmts an Schlüssl, werds a Zigeinerin, nimmts aber 's Geld, na werds reich."

2. Kinderschreck

Für das heranwachsende Kind gab es in dem dunklen Winkelwerk der Stadt genug Schreckgestalten, die den Eltern bei der „Erziehung" behilflich waren. Die eitlen Mädchen wurden mit den „Zopfabschneidern" geschreckt. Diese geheimnisvollen Gestalten mit langen Scheren und Messern haben ihre Entstehung im Volksglauben einem wirklichen Vorfall zu verdanken, mit dem sich sogar der Rat der Stadt befaßte. Er hatte „mit äußerstem Mißfallen in Erfahrung bringen müssen, welchergestalten von liederlichen Purschen durch Abschneidung derer Haare, Locken, Zöpfe, auch Abnehmung derer Hauben bei nächtlicher Weile großer Unfug verübet worden".[3] Kam die Zeit des Badens heran, so wurden leichtsinnige Kinder gewarnt vor dem Donauweibchen, dem Wassermann, dem großen Waller, der Wasserhexe usw. An Sonnwend zu baden, war sehr gefährlich. Keinen Menschen wunderte es, wenn an diesem Tag einer ertrank; denn um Johanni fordert die Donau ihr Opfer. In jüngster Zeit kam der Glaube an den Alleemann auf, der die Kinder zum Verlassen der Spielplätze in den Anlagen bewegte, wenn es finster wurde. Eine alte Frau mit einer Warze auf der Nase oder auf der Stirn erschien den Kindern allzeit als eine Drud oder Hexe, vor der man sich zu hüten habe.

3. Liebeszauber

Der Zauberglaube nahm im alten Regensburg überhaupt einen breiten Raum ein. Ein Regensburger Arzneibuch von 1694 verrät uns „probate Mittel" für Liebesleute.[4]

„Wiltu eine liebhaben: nim *Ling. upup* (Zunge des Wiedehopf). Rihre sie damit an."

„Daß dich Jeder man liebe. Trag *Cor de upup* (Herz des Wiedehopf) bey dir, so hat dich Jederman lieb, dergleichen auch, wer ein widhopfen auge bey sich tregt, den kan kein leid wiederfahren."

„Daß dich eine nemen muß. So einer eines laubfroschs gebeine in die Hand nimpt vnd legt es ... wirffs weg vnd lege deine Hand zwischen ihre Brust, so wird sie dich gewiß nemen mißen."

„Wiltu den leuthen wohlgefallen. So nim daß rechte aug von einen Geyer, tragß bey dir auff der lincken seide."

„Daß dich eine liebe. Nim Blut von einem laubfrosch, bestreich eine Ruthe damit vnd welche du damit Rihrest, muß dich lieben."
„Daß dir eine deinen willen thut. Reiß einem Han, wen der auff der Hene sitzt, eine Feder auß, wirff sie Ihr inß bett."

4. Hochzeit

Der Rat der Stadt befaßte sich auch mit der Hochzeit in vielen Verordnungen, die von Zeit zu Zeit gewissenhaft erneuert wurden. Die Hochzeitsordnung von 1605 gibt besonders viele Aufschlüsse über die Mahlzeiten.[5] Unnötiges Schlemmen sollte vermieden werden: „Nit mehr dann drey ainschichtiger Tracht oder Richt" sollten dabei auf den Tisch kommen. Sogar die Art der Gerichte wurde vorgeschrieben: „Zwo versotten hennen, Dür vnnd Grienfleisch in einer Suppen, ein Essen visch vnnd gebratenes." Rebhühner, Haselhühner, Schnepfen, Auerhähne, „Grundl" usw. waren verpönt. Der Thurn und Taxissche Bibliothekar Albrecht Christoph Kayser beschreibt uns die Hochzeitsfeierlichkeiten, wie sie noch im 18. Jahrhundert in Regensburg üblich waren.[6]

„Von alten Sitten und Gebräuchen ist vorzüglich eine Art von Hochzeitsfesten übrig, welche Guldenmahle genannt werden. Sie sind bey gemeinen bürgerlichen Personen noch gebräuchlich. Die Anzahl der Gäste ist höchstens auf 54 bestimmt; für jede, mehr am Tisch sitzende Person muß an das Hansgericht Strafe erlegt werden. Man speißt um 12 Uhr Mittags. Die Gesellschaft ordnet sich an vier abgesonderte Tafeln. An der Ersten sitzt die Braut, neben der Ehrenmutter oben an, samt den Frauen; an der zweiten: der Bräutigam und der Ehrenvater mit den angesehensten Mannspersonen; an der dritten: die Jungfern, an deren Spitze sich die Kränzeljungfer (Brautjungfer) sich befindet; endlich an der vierten: alle diejenigen Männer und Frauen, welche an den andern Tafeln keinen Platz fanden. Sind die Stühle einmal besetzt, so müssen die übrig erschienenen Gäste, der Regel nach, wieder nach Hause gehen. Nur der Bräutigam muß in diesem Falle einem Gaste seinen Platz überlassen und speiset sodann auf dem Zimmer des Wirths. Sobald sich die Gäste gesetzt haben, fordert man Jedem das Mahlgeld, welches einen Gulden beträgt, daher diese Hochzeitsfeste Guldenmahle heißen. Erst, nachdem bezahlt worden, wird aufgetragen. Die Zahl der Speisen ist bestimmt. Die Portionen sind von gleicher Größe und so reichlich, daß sie auch der Hungrigste schwerlich ganz verzehren könnte. Man stellt sich ein Teller an die Seite und hebt sich, was man nicht eßen kann, auf. Diese Überreste werden Bescheidessen genannt und am Ende der Tafel nach Hause geschickt. Wer hier den Genereusen spielen und sich kein Bescheideßen aufhäufen, sondern das, was er nicht ißt, beym Tellerwechseln zurück geben wollte, würde sich einer allgemeinen Kritik Preis geben. Ehe die Tafel aufgehoben wird, spricht der Geistliche, der die Trauung verrichtete, ein lautes Gebeth, so wie er dies auch zu Anfang des Tisches thut, und dann wird in Begleitung der Musik von den Aufwärtern ein Danksagungstischlied angestimmt, welches die ganze Versammlung mitsingt. Nach gesungenem Liede drängen sich die Dienstmägde herein und überbringen die Geschenke ihrer Herrschaften. Die Braut empfängt sie stehend. Ihr zur Seite zeichnet der Procurator [= Hochzeitslader] jedes Geschenk auf. Man reicht der Magd einen Pokal mit Wein, aus welchem sie auf Gesundheit des Brautpaars Bescheid thut, d. h. trinkt. Erscheint keines mehr, welches ein Geschenk brächte, so werden die vorhandene, so nicht in Geld bestehen (dies kömmt in eine Chatouille), auf eine so viel möglich in die Augen fallende Art in großen Körben aufgestellt und am hellen Tage zur Schau, unbedeckt, nach der Wohnung der Neuverehelichten getragen. Alsdann kömmt der Brautführer und führt dem Bräutigam die Braut zu, welcher sie auf dem Tanzsaale erwartet. Das Brautpaar tanzt, umrungen von den Gästen und allen Mägden, den Ehrentanz, d. i. ein Menuett ganz allein. Erst, wenn dieser geendiget ist, fängt der Regel nach, der allgemeine Tanz an. Dieser dauert bis 10 Uhr Nachts, wo dann ein Diener des Hansgerichts, unter dem Namen Marktknecht, der Versammlung mit einem lauten Spruche ankündigt: es sey nun das Hochzeitfest zu Ende. Nach dieser Aufkündigung werden noch drey teutsche Tänze aufgespielt, wovon der letzte im $^2/_4$-Takte ist und der Kehraus genannt wird."

Die Regensburger Hochzeitsfeierlichkeiten hatten also große Ähnlichkeit mit denen des Bauernlandes der Umgebung. Die Hochzeitsordnung verbietet allen Fremden das „Schenken" beim Hochzeitsmahl; erlaubt war es nur den Verwandten der Brautleute. Hochzeitsgäste, die nicht zur Verwandtschaft gehörten, hatten lediglich das Ding- oder Mahlgeld an den Wirt zu bezahlen. Beliebt waren um 1800 als Hochzeitsgeschenke „kleine silberne Metzen mit kleinen Dukaten der Stadtmünze".[7]

Außer den Freitagen gab es besonders einen Tag im Jahr, an dem nicht gerne Hochzeit gefeiert wurde. Man achtete darauf, „daß die hochtzeit nit am tag Symon sey".[8] Wurde trotzdem an diesem Tage geheiratet, so war es ein sicheres Zeichen dafür, daß der Ehemann unter den Pantoffel käme.[9] Beim Kirchgang wurde folgende Ordnung eingehalten: „Die Jungen Geseelen nach den Mannßpersonen, die Junckhfrauen vor den Frauen."[10] Bei den „gemeinen Hochzeiten" gingen dabei nur Trommler und Pfeifer voraus.[11] Wer mehr Musikanten wollte, mußte zuerst den Rat um Erlaubnis bitten. Ging der Zug über den Markt, so ließ sich der Marktthurner mit dem „Anblasen" hören. Die Hauptwache hatte von den Hochzeiten eine gute Einnahmequelle: reichliche „Torsperrgelder" flossen ihnen von den Hochzeitsleuten zu.[12] Es wurden nämlich die Schlagbäume heruntergelassen und erst wieder aufgezogen, wenn die Brautleute eine gewisse Gebühr bezahlt hatten.[13] Für die Hochzeitstänze gab es eine merkwürdige Verordnung der Stadt von 1709. Da Männer „gleichsam zum Spott allerhand Unziemliches damit treiben, und die Mäntel bald um den einen Arm zu schlingen, bald von den Schultern völlig ab- und rings um den Leib herum gewickelter zu nehmen sich nicht entblöden", wurde befohlen, „daß Sie ... die Mäntel vom Anfang bis zu Ende, wie sichs geziemt, ehrbarlich umbbehalten".[14] Doch scheinen solche Verordnungen weder von den Gästen noch vom Rat, der sie erlassen hatte, allzu ernst genommen worden zu sein.[15] Ebenso wird sich die Braut in den seltensten Fällen an die Weisung gehalten haben, ihren Kranz „einig und allein" aus Rosmarin zu machen.[16] Die geladenen Mädchen verschenkten oder „vertanzten" ihre Kränze gerne an die „jungen Gesellen". Während des Dreißigjährigen Krieges oder während der Pestzeit wurden allerdings diese Verordnungen etwas strenger gehandhabt. So durfte zeitweilig nur e i n Trommler dem Hochzeitszug vorausgehen. „1637 ist nach 5 Jahren zum erstenmahl erlaubt worden, daß die Braut Personen mit Spilleuthen über die Gaß und in die Kirch gehen durfften, mithin die Trommel abgeschafft worden."[17]

5. Haussprüche

Aber die mannigfaltigen Unglücksfälle, die über Regensburg hereinbrachen, konnten die Bürger nicht abhalten, auch in schlimmen Zeiten ihr Hauswesen einzurichten und auszubauen. Ein Spruch, der ehemals an einem Haus „am mitteren Bach" stand, mag Zeugnis geben von der wackeren Gesinnung der Regensburger:

> „Dieses Hauses schönste Zierde wuchs in lauter Unglück auf:
> Als der Tallard zu uns kommen, schlossen wir zuerst den Kauf,
> Wie die Stadt besetzet worden, war die Helffte aufgebaut,
> Mitten in der Pest vollendet. So baut der, so Gott vertraut.
> Kinder zeugen, Städte bessern, ist auf ewig wohl gethan.
> Also schreibt man meinen Namen hier und dort im Himmel an."[18]

Haussprüche waren im alten Regensburg sehr beliebt. Neben ernsten Versen gab es aber auch humorvolle. So stand über der Montagschen Buchhandlung:

> „Der Gottlose borget und bezahlet nicht."[19]

Doch waren die meisten dieser Sprüche Haussegen, wie wir sie auch heute noch häufig antreffen. Am Haus E 48 wurde 1611 folgender Spruch angeschrieben:

> „All unser Anfang, Mittel und Endt
> Beuchen (befehlen?) wir in Gottes Hendt.
> Darum wir Leben oder Sterben,
> Sindt wir Gottes unseres Herrn."[20]

An den Tod gemahnte eine Holzfigur mit einer Sanduhr im Thon-Dittmer-Haus. Darunter stand:

> „Die Uhr nun ausgelaufen ist,
> Bedenk, daß Zeit zum Sterben ist!"[21]

6. Krankheit

Von den vielen Unfällen, die über Regensburg hereinbrachen, war wohl der schlimmste die Pest. Es gab Zeiten, in denen fast alle Jahre diese fürchterliche Geißel der Menschheit in der Stadt wütete. Kein Wunder, wenn tausend Mittel gegen die Pest versucht wurden! Vielfach begnügte man sich mit Amuletten, die um den Hals, auf dem Herzen oder auf den Pulsadern getragen wurden. Sie besaßen nach dem Glauben der Regensburger die Kraft, „die in dem Lufft hin und her flihende gifftige Sonnen-Stäublein durch Gleichheit des Gifftes an sich zu ziehen".[22] Auf die Pestbeulen legte man Sauerteig, Holunderblätter, Feigen, Taubenmist und Hühnerkot.[23] Auch gedörrte Kröten galten als wirksames Heilmittel. Viele hielten die Luft für vergiftet und führten als Beweis dafür an, daß in Pestzeiten Vögel tot zur Erde fielen.[24] Es gab Ärzte, die auf diesen Glauben ihr ganzes Heilsystem begründeten.

Auf einem Grabmal im Pestinhof standen ehedem die Worte:

„Hier deckt die kühle Erd' etlich tausend Leichen,
die Gottes schwere Hand durch Pest hat hingerafft,
mein Leser, denk daran, laß dich zur Buß' erweichen,
wo nicht, so wirst auch du, wie sie, von Gott gestraft."[25]

Das sogenannte Pesthündlein, das in Stein gegenüber dem Goliathhaus an einer Ecke angebracht ist, erinnert an eine Begebenheit, die sich im Jahre 1713 zugetragen haben soll. Ein Fremder, der den Besitzer dieses Hauses besuchen wollte, traf in dem ganzen Gebäude, außer einem Hündlein, kein lebendes Wesen mehr an. Als der Fremde später das Haus kaufte, ließ er zum Andenken das Hündlein in Stein hauen.[26] Diese Geschichte, die sich wohl so zugetragen haben mag, erzählt sich jedoch heute das Volk ganz anders: In diesem Hause lebte nur noch ein einziger Mann, der ein treues Hündlein besaß. Alle anderen Inwohner hatte die Pest schon hinweggerafft. Da fiel schließlich auch über ihn die böse Krankheit. Ohnmächtig lag er auf seinem Bett. Das Hündlein aber setzte sich ans Fenster und lenkte durch andauerndes Heulen die Aufmerksamkeit der Vorübergehenden auf sich. Schließlich – um den Störenfried zu beseitigen – wagten sich ein paar Leute in das Haus. Da sahen sie den Kranken, schickten sogleich einen Arzt zu ihm, der ihm noch das Leben retten konnte. Das Hündlein aber, dem er alles verdankte, verewigte er in diesem Steinbild. Diese Sage ist zweifellos feiner als die erste und zeigt uns so recht, wie das Volk nüchterne Geschichten – auch wenn sie immer wieder gedruckt wurden – fallen läßt und sie aufs neue inniger und tiefer gestaltet.

Diese gleiche Innigkeit schwingt in all den Sprüchen gegen Krankheiten und Wunden, die auch das Regensburger Volk der Vergangenheit besaß. Mag man diese Segenssprüche auch immer wieder als Aberglauben verächtlich abtun wollen, ihre Gläubigkeit ergreift uns doch ständig wieder. Ich teile hier ein paar Wundsegen mit:
„Eine himlische Kunst auff dem Tag Maria Magdalena / ist der Tag 22 July / oder aff den Tag Jacobi. Gehe umb mittag umb 11 oder

12 Uhr nichtern / auch still schweigend in das feldt / grabe wegwart wurtzel / blaue / trage sie still schweigent heime / und wan dich eines grißt / so dancke ihm nicht / laß sie an einem Schatten dürr werden / wan nun einer blutet / es sey zur nase oder wunde herauß / so gib ihm ein wenig derselben zu essen."

„Eine fier Treffliche Blut stillung. Gott der Herr tregt drey Roßen vnter seynem Hertzen / die eine ist güthdig / die andere demüthdig / die dritte Gottes will / blut Ich bitte dich / stehe still / diß sey dir / NB.NB. / zu Buß gezehlet / im Namen gottes deß Vatters vnd deß Sohnes vnd deß heiligen geistes."

„Blut ich bit dir bey nagel / die dem Hern Christ durch sein hand und füß sein geschlagen / du soll weder bluten noch schweren / biß unser liebe frau thut ein ander Son geben (?) / daß gebeut ich dir im Namen †††"

Selbst in einem Spruch gegen den Kropf vermissen wir nicht poetische Klänge:

„Ein Spruch Einen Kröpf zu vertreiben. Gott wohl kommen Neuer Mon / wie wohl steht mir mein gewächß an / steht es mir aber übelan / so bitt ich dich umb Gottes willen / laß mirs Vergehen Im Nam Gottes des Vatters / des Sohns Vnd Gottes des hl. Geistes / Amen. 3 mahl nach Einander v. alle mahl ein Vatter unser Darzu."

Gegen das Fieber war folgende verbreitete Formel geläufig:

„(Nimm einen) Pfefferkuchen v. schreibe darauff:

Abracadeles
Abracadele
Abracadel
Abraca
Abra
Ab
A

Nim alle Morgen ehe die Sonne auffgeht ein bißlein."

Noch einige geheimnisvolle Formeln:

„Vors Füber.

† A † Ab † abra † abrac † abraca † abracus † abracuti † abracutor † Son † Kron † Kalifur † feber † Diese Charakter auff ein Zettel geschrieben / am Halse getragen / 9 tage / so vergeht es."

„Kunst das blut zu verstillen / wann du dieses auff ein ader binst / so verstehet sie geschwindt.

```
H    C b H    n    G
S             y
o    B h H    2    3
b                  "
```

„In die Stirn zu schreiben / das Blut zu stillen.
O. I. P. ULU"

Manche Familien hielten sich einen Kreuzvogel, „weil er vor Flüsse oder andere Krankheiten ein heilsames Verwahrungsmittel sei, indem solche, wie man es nennet, an sich ziehe".[27] Welche Kraft man geweihten Glocken zulegte, zeigt folgendes Begebnis: Als der Glokkenturm der Kirche auf dem Osterberg[28] abgebrochen wurde, trieben die Leute bei der Versteigerung des alten Bauholzes den Preis von 20 Kreuzer bis auf 2 Gulden, weil sie glaubten, daß die Kraft der geweihten Glocken sich auf das Holz übertragen habe. Aus dem Holz machte man dann Kreuze und Figuren, die man unter die Strohsäcke legte als Mittel gegen Kopf-, Ohren- und Augenweh. Einen großen Zulauf hatte in früheren Zeiten die Wallfahrtskirche Mariaort unweit Regensburg. Von ihrem Ursprung erzählt die Sage, daß das Gnadenbild auf einem Wacholderstrauch stromaufwärts an diese Stelle getrieben worden sei. Dieser Kronwittstaude wurde „außen am Tach auf der Seithen ob unser Frauen Altar ein Ercker gemacht, in welchem sie ... noch heutiges Tags nicht ohne Wunder grünet.... Die Beerlein aber so sie getragen ... seyn nicht ohne Nutzen ausgeben worden."[29] Bei Zahnschmerz und Kopfflüssen" wurde oft geraten, unter „Abbethung vorgeschriebener Gebete" um die Säule des ewigen Lichtes (in der Mitte des Friedhofes) zu gehen.[30]

7. Tod

Aber die besten Mittel versagen vor dem, gegen den kein Kraut gewachsen ist. Eines der tiefsten Lieder vom Tod wurde zuerst in Regensburgs Mauern gedruckt: „Schnitterlied, gesungen zue Regenspurg da eine hochadeliche iunge Bluemen ohnversehen abgebrochen im Jenner 1637. Gedichtet im jahr 1637.

> „Es ist ein Schnitter, heißt der Tod,
> hat Gwalt vom großen Gott.
> Heut wetzt er das Messer,
> es schneidt schon viel besser,
> bald wird er dreinschneiden,
> wir müssens erleiden.
> Hüt dich, schöns Blümelein!"[31]

In ganz anderer Weise erschien der Tod auf dem Grabstein einer Köchin im ehemaligen Friedhof St. Jakob: Dort stand zu lesen:

> „Auf dieser Welt ist ausgekocht,
> Der Tod hat bei mir angepocht,
> Ich muß von hinnen reisen,
> Dort koch ich andre Speisen."[32]

Ähnlich humorvoll mutet eine andere Grabschrift auf dem evangelischen Friedhof an:[33]

> „Hier ruht ein gut Gemüt,
> Das in den Weinberg flieht,
> Um sich G'sundheit zu erhollen,
> Kam der Tod herangerollen,
> Ward in treuer Freunde Wagen
> Bald darauf nach dreien Tagen
> nach St. Peter hingetragen."[34]

Die Beerdigungen scheinen bei den Regensburgern früher recht festlich gewesen zu sein. Man stattete die Leichen häufig zu kostbar aus, so daß der Rat der Stadt 1689 beschloß: „Erlaubt ist nur ein Krantz von Rosmarin auf den Kopff des Toden und ein gemeine Citrone oder unbeschlagen Büchlein in die Hand." Das Austeilen von Zitronen und Pomeranzen unter die Trauergäste wurde verboten; nur die Träger durften welche bekommen, weil sie „üblen Geruch erleiden müssen". Die Geschenke für die Dienstboten waren genau vorgeschrieben: „ein paar weiße Hauben samt einem Schnürmieder oder auch ein Fürtuch." In einer Regensburger Haushaltsrechnung von 1815[35] berechnen sich die Beerdigungskosten auf 58 Gulden 16 kr. Aus dieser Zusammenstellung können wir verschiedenes für das Brauchtum der damaligen Beerdigung ersehen:

„Verzeichniß

	fl. kr.
deren zu bezahlenden Beerdigungs Kosten.	
für die Todtenwache	1.30
für den Sarg	8.–
der Todtengräberinn	6.24
der Leichenansagerinn	2.48
dem Herrn Pfarrer für Stolgebühren, 14 beymessen, Ministranten, Todtentuch, praebentisten, das halbe Pfarrgeläut, Wachs, Opfergang, Opferwein und Kirchenparamente, dann dem Meßner	30.58
dem Wachtschreiber Schmid für die vorgeschriebenen Gänge zur K. Polizey und Stadtgericht, dann den Honoratioren die Beerdigung und den Gottesdienst anzusagen	8.–
den Trägern den gefoderten Leichentrunk	–.36
macht	58.16"

Im Jahre 1700 schenkte der Regensburger Bürger Scheckhorn (Schelchshorn? ...) den Augustinern eine Glocke und bat sie, diese „auf jedermanns Begehren" für die in den letzten Zügen liegenden Personen zu läuten. Man nannte diese Glocke deshalb das „Zügenglöckl".

Die Geister der Verstorbenen aber versammelten sich des Nachts im Dom zum Gottesdienst.[36] So rundet sich das Bild: aus dem Dombrunnen „schöpft" man den kleinen Stadtbürger, und in den Dom kehrt er wieder zurück. Wie fein tritt hier hervor, daß der Städter durchaus nicht entwurzelt ist, sondern daß es auch für ihn die Heimat gibt, der er entstammt, in der er wirkt und in deren Schoß er wieder zurückkehrt.

Die Kinder und die Schüler

Die Gemeinschaften der Jugend waren von jeher treue Sittenbewahrer; leben doch die Kinder wie kaum eine andere Gemeinschaft mit dem gleitenden Jahr. Während die Arbeit den größten Teil des Lebens des reifen Menschen einnimmt, hat die Jugend noch Zeit, sich völlig allen Festen und Spielen hinzugeben. ...

8. Geheimnisvolle Gestalten

Ein großes Kinderfest ist immer der Nikolaustag. In Regensburg gab es da freilich zwei recht verschiedene Gestalten. Die eine, der „heilige Nikolaus" genannt, erschien verkleidet als Bischof. Ihn begleitete ein wilder Geselle, der treue „Knecht Ruprecht". Während Nikolaus sich meist in langen Lehren erging und sich freundlich den Kindern gegenüber zeigte, hatte Knecht Ruprecht die Aufgabe, sich möglichst wild zu gebärden und hie und da auch mit seiner Rute dreinzuschlagen. Im vorigen Jahrhundert verkörperten vielfach die Lehrer den „heiligen Nikolaus" und besuchten in dieser Gestalt ihre Schulkinder zu Hause.[37] Sein Begleiter wurde damals auch noch „Klaubauf" geheißen, eine Bezeichnung, die heute in Regensburg fast verschwunden ist. Neben dieser mehr „vornehmen" Gestalt des „heiligen Nikolaus" erschien aber besonders auf den Gassen der weitaus wildere „Niklo". Das ist eine Gestalt, die Schrecken unter die kleineren Kinder verbreitete. Der rauhe Geselle war auch angetan dazu. Das Wichtigste an ihm war sein Bart, in vielen Fällen knallrot. Um die Hüften trug er eine riesige Kette, die so lang war, daß er sie auf dem Boden einherzog. Dieses Eisengeklirr im Verein mit dem Gepolter der langen Stiefel und dem Gebrüll seines meist recht kräftigen Organs war die Musik des Nikolaustages auf der Straße, die sich heute noch jährlich wiederholt. Die größeren Kinder taten sich häufig zusammen zum „Niklotratz'n", und nicht selten kam es vor, daß der Niklo einer angriffslustigen Übermacht weichen mußte.

Noch schrecklicher war die „Luzier", eine wilde Frau mit einem langen Messer, die aber schon um die Jahrhundertwende nur mehr in der Vorstellung lebte. Wen sie erwischte, dem schlitzte sie den Bauch auf und nahm ihm die Gedärme heraus.

Ganz verschwunden ist der „Thama (Thomas) mit'n Hamma", der früher ähnlich wie der Niklo auftrat, mit einem großen Hammer bewaffnet.

9. Umsingen

An den Weihnachtsfeiertagen sangen die evangelischen Schüler, *Canentes* oder *Mendicanten* genannt, vor den Wohnhäusern und durften dafür mit Büchse und Korb Geld und Lebensmittel sammeln.[38] Eine Schulordnung von 1654 ordnet folgendes für diese Umsinger an: „Wann sie auf den Gassen vor den Häusern Sonn und Werktage singen, sollen Sie sich züchtig und still erweisen, ihre Gesangbüchl bey sich haben, die Gesäng fein langsamb singen, und nicht davon eylen."[39] Dabei verursachte der Brotneid unter den einzelnen Gruppen manchmal eine tolle Rauferei: „Anno d. 1629 den 25. Januar, da haben vnsere Schueller Bueben vor den Heissern herumbgesungen vnd als sy in die schlossergassen sein khomen, da sein die Jesuiten Schueller Bueben vber sy khomen vnd haben Inen die Püxen darin das gelt gewesen, genomen, vnd zertretten, das gelt aber auß gestreut, vnd die Bueben hart geschlagen."[40]

10. Fasenacht

Ursprünglich wählten die Schüler aus ihrer Mitte einen „Bischof", sooft ein neuer Domherr ernannt wurde. Mit diesem „Bischof" zogen sie dann in der Stadt herum.[41] 1357 fand dieser Umzug am Tag der „Unschuldigen Kinder" statt.[42] Später aber gehörte das Spiel zu den Fasenachtslustbarkeiten der Regensburger Schüler und entartete bald. Es wurde 1357 abgeschafft, nachdem die Schüler, die sich nun alle vermummten, diesen Brauch zu allerlei Unfug nutzten und sogar einen Todesfall verursachten.

11. Rutenfest

Ein „Nationalfest" der Regensburger[43] war das Rutenfest, auch „*virgatum*" genannt.[44] Das war ein allgemeines Fest der Schulkinder. Jährlich einmal zogen die Schulklassen ins Freie, mit Zweigen und

Maien geschmückt. Die Schüler schnitten Ruten und übergaben sie unter Reimsprüchen dem Lehrer. Zweifellos haben wir darin ein Frühlingsfest zu sehen, ähnlich dem Sommertagszug in Heidelberg. Doch wird bald daraus ein gewöhnliches Schülerfest. Kayser erzählt, daß das Fest (1797) „zu dem Ende in der Schönen Jahreszeit" gefeiert wurde. Die Bedeutung eines Frühlingsfestes ist also damals bereits geschwunden. Auch Ruten wurden nicht mehr geschnitten, sogar die Erinnerung daran scheint nicht mehr vorhanden gewesen zu sein. Kayser nennt nämlich das Fest „*Vacatum*".[45] Ein Ratsprotokoll von 1559 sagt: „Den deutschen Schulhaltern wird untersagt, wenn sie *virgatum* mit ihren Kindern halten, nicht ins Prüflinger (oder Prühler?) Hölzchen, sondern in den Schießgarten zu gehen und dieses nicht zu oft und niemals mehr denn einer, auch sollen sie die Mädchen von den Knaben absondern und keine Trommel oder Musik dabei haben."[46] Um 1840 ist dieser Brauch ganz abgekommen.[47] Die katholischen Schulen hießen ihr Fest aber schon um 1770 Gregori-Fest wie in verschiedenen Teilen der Oberpfalz.[48] Im Schießgarten hielten die Kinder auch ihr „Eibenschießen" (erstmals 1511). „Das Eibengeschoß von Taxusholz war das sogenannte kleine Schnapperl oder der kleine Bogen."[49] Dieses Kinderschießen war ein Teil des alljährlichen Herbstschießens in Regensburg.

12. Palmsonntag

Auch das Herumtragen des Palmesels durch die Kinder kam schon um die Mitte des vorigen Jahrhunderts ab.[50] Die Kinder wurden bei diesem Palmsonntagszug mit Zuckerwerk beworfen.[51] Die Erinnerung daran lebt noch fort in der Bezeichnung „Palmesel" für den Langschläfer, der am Palmsonntag zuletzt aus den Federn kriecht.

13. Ostern

Das beliebteste Kinderspiel an Ostern war das „Eierdepfen". Zwei Buben stießen Ostereier zusammen; wessen Ei dabei zerbrach, der mußte es an den anderen abgeben. Die roten Eier galten dabei als sehr wertvoll. Nach dem Kinderglauben legte die Eier der Osterhase.

14. Sonnwend

Am Sonnwendtage sprangen die Buben über das Sonnwendfeuer. Dieses Feuer wurde mit „Prangerstauden" angemacht, die vorher von den Kindern zusammengetragen wurden.[52]

15. Spiele am Wasser

Es ist schwierig, für die Kinderspiele der Regensburger Vergangenheit zeitgenössische Berichte zu finden. Doch sind gerade diese Spiele Erscheinungen, die sich oft durch lange Zeit unverändert erhalten, so daß, wenn wir die noch heute lebendigen Spiele betrachten, wir annehmen dürfen, daß sie im wesentlichen schon lange ein Gut der Regensburger Jugend sind. Es ist klar, daß die Donauufer zu den beliebtesten Spielfeldern der Jugend gehören. Die Kinder lassen da flache Steine über die Wasseroberfläche gleiten: der ist Sieger, dessen Stein dabei die meisten Sprünge macht. „Speitlwerfen" (auch Spatzlwerfen ...) heißt dieses Spiel.[53] Das „Fischlfangen" geschieht auf eine sehr einfache Weise. Die Kinder bauen an den seichten Uferstellen aus Sand kleine Weiher mit einer Öffnung zum Fluß. Die kleinen Fische schwimmen durch diese Öffnung, und nun wird durch eine bereitgehaltene Hand voll Sand der Eingang zugemacht, und die Fischlein sind gefangen. Im Winter wird das „Eisstockschießen" auf den zugefrorenen Altwässern geübt.

16. Reigenspiele

Auch in einem Reigenspiel der Mädchen spielt die Donau eine Rolle. Das Lied dazu lautet:

> „Auf der Donau bin ich g'fahren,
> Und das Schifflein hat sich dreht,
> Und das Schifflein heißt Anni,
> Und das Schifflein war weg."

Das Mädchen, dessen Name dabei gesungen wird, muß aus dem Kreis scheiden, bis zuletzt nur mehr eines übrigbleibt.[54]

Sehr beliebt ist auch das Fischspiel:

> „Droben am Tiroler See,
> Wo die Fischlein schwimmen,
> Freuen sich ein ganzes Jahr
> Vor lauter Lust und Singen.
> Holla, holla, wir sind hier,
> Der Goldfisch, der Goldfisch, der folget mir."[55]

Jedes Mädchen hat seinen Namen: Goldfisch, Weißfisch, Karpfen, Waller usw. Das genannte Mädchen schließt sich an die Vorsängerin und folgt ihr in entgegengesetzter Richtung um den Kreis.

Zahlreich sind die „Ringel-Reiha-Verse".

> „Ringel, ringel, reiha,
> Bratwürst san so teua,
> Küachl'n san viel bessa,
> Kaff ma uns a (brauch ma gar koa) Messa,
> Setz ma uns am Hollerbusch,
> Schrei ma alle: husch, husch, husch."

Das beliebteste Spiel der Regensburger Mädchen ist noch heute das „Mariechen":

> „1. Mariechen saß auf einem Stein,
>   einem Stein, einem Stein,
>   Mariechen saß auf einem Stein,
>   ei – nem – Stein.
> 2. Mariechen kämmt ihr goldnes Haar.
> 3. Da kam der Bruder Rudolf 'rein.
> 4. Da fing sie an zu weinen.
> 5. Mariechen, warum weinest du?
> 6. Ja, weil ich morgen sterben muß.
> 7. Da stach sie Rudolf in das Herz."

Statt der letzten Strophe wird auch gesungen:

> „7. Da nahm er sie in seinen Arm.
> 8. Da feiern sie ein Hochzeitsfest."

17. Fang- und Prügelspiele

Das „Fangen" wird in Regensburg „Fanggei" genannt.[56] Der Freiplatz, auf dem man nicht geschlagen werden darf, heißt „Bame".[57] Beim Versteckspiel gibt es das „O-schlag-versteckerln", bei dem man sich durch dreimaliges Anschlagen mit der Hand und den Ruf: „Oans, zwoa, drei, und i bin frei!" freischlägt. Sehr verwickelt – wie sein Name – ist das „Richter-Kläger-Schläger-Zeuge-Schutzmann-Unschuld-Dieb-Spiel". Die Rollen der sieben Mitwirkenden werden durch Zettel verteilt, wobei Unschuld und Dieb geheimbleiben. Der Schutzmann nimmt nun einen dieser beiden gefangen, den ihm der Kläger als Dieb bezeichnet. Der Schutzmann bringt den „Verbrecher" nun vor den Richter, der den Zeugen befragt. Dieser hat mittlerweile den Zettel des „Angeklagten" gelesen und stellt nun vor dem Richter fest, ob er unschuldig ist oder der Dieb. Ist er wirklich der Dieb, so bekommt er durch den Schläger den „verdienten" Lohn. Ist er aber unschuldig, so wird der Kläger geprügelt. Noch etwas härter geht es beim Spiel „Schau net um, da Fuchs geht um!" zu, das auch schon Wilhelm Grimm beschreibt.[58]

18. Murmelspiele

Die Murmelspiele werden „Schussern" genannt. Sie werden meist in den Rinnsteinen ausgeführt („Langaus"). Dabei gibt es „G'spannte" (wenn ein Schusser dem anderen so nah ist, daß der Zwischenraum mit einer Fingerspanne noch überbrückt werden kann) und „'däpfte" (wenn ein Schusser den anderen trifft). Ein zweites Spiel heißt „O'schlag'n", wenn die Schusser durch Anschlag an eine Mauer in Bewegung gesetzt werden, und schließlich noch das „Grüaberln". Bei diesem Spiel müssen die Schusser in eine kleine Grube gebracht werden. Auch die Schusser haben ihre Namen. Die großen gläsernen Kugeln heißen „Paroller", die ganz kleinen aber „Bauchwarz'n". Interessant ist der Ausruf „Latsch" beim Beginn des Spieles.[59] Wer dieses Wort zuerst sagt, darf als letzter schussern, wobei er natürlich die meisten Vorteile hat.

19. Spielzeug

Zu dem Spielzeug, das sich die Buben selber anfertigen, gehören:
Der „Pfitschi-Pfeil" (Pfeil zum Werfen mit einer Nadel und Federn),
die „Zwistl" (Schleudergabel aus Holz),
der „Dracha" (Papierdrachen),
der „Bär" zum „Bär'ntreib'n" (Kreisel).

20. Kinderdichtung

Die Neckverse der Regensburger Kinder beziehen sich vor allem auf die Namen. Einige seien hier mitgeteilt:

„Heinerich, Zigeinerich,
was macht denn deine Frau?
Sie wäscht sich nicht und kämmt sich nicht,
drum ist sie eine ..."

„Annamirl, Zuckatürl,
geh mit mir in d'Schleha!
I ko net geh, i ko net geh,
i hab an weha Zeha.
I ko net übers Graberl hupfa,
i ko net drüber steig'n,
na wart nur, bis da Vatta kimmt,
der wird di na scho treib'n."[60]

Merkwürdig ist folgender Vers:

„Klara widi wara, widiwickas ka dara,
widiwickas katholisch, katholische Klara."

Aber auch mit berühmten Persönlichkeiten befassen sich die Verse:

„Da Napoleon mit sein Tschako
geht in 'n Keller und bricht se 's Gnack o.
Grad recht mit sein Stelzfuaß,
weil er überall dabei sei muaß!"

„Hermann, der Cheruskerfürst,
hand'lt mit de Leberwürst.
Geht die Straße auf und ab:
Kauft's mir meine Würste ab!

Geht die Straße auf und nieder:
Gebt's mir meine Würste wieder!"

Große Beachtung fand die Walhallabahn.[61] Die Kinder fanden, daß ihre Lokomotive, wenn sie die Regenbrücke hinauffuhr, ganz langsam und mühsam prustete: „Helft's a bißl, helft's a bißl!" Wenn sie dann auf dem höchsten Punkt war, dann klang es schnell und freudig: „Geht scho bessa, geht scho bessa!"

Auch die Glocken haben ihre Sprache. Die kleinen Glocken läuten: „Bim bam, läut ma z'samm", die große Predigerglocke im Dom aber tönt feierlich: „Domherrn, Domherrn!"

21. Schicksalsspiele

Gern vertreiben die Kinder sich die Zeit mit dem „Galgenspiel": Ein Wort wird zum Raten aufgegeben. Bei jedem Buchstaben, der nicht richtig erraten wird, wird ein Körperteil an den Galgen gezeichnet – beim Kopf beginnend –, bis mit der letzten Zehe der ganze Mensch am Galgen hängt. An der Glücksrolle kann man ziehen, was man „ist" oder „wird". Auf einem zusammengerollten Zettel stehen eine Menge von Wörtern, vom „Esel" bis zum „reichen Mann". Der Wißbegierige kann anziehen, und er hat die Möglichkeit, „Kaiser" zu werden oder auch etwas viel Geringeres.

22. Rechtsempfinden

Hat ein Bub etwas geschenkt bekommen, so wird er es nie mehr zurückgeben. Sein Spruch, den er dem Zurückforderer sagt, heißt:

„G'fundna, g'fundna – wieda geb'n,
g'schenkta, g'schenkta – nimma geb'n."

Wenn etwas versprochen wird, so gilt auch unter der Jugend der Handschlag. „Ei'g'schlag'n!" sagt der Bub, oder er legt auch drei Finger aufs Herz. Bei der Wette wird genau unterschieden zwischen der Wette „in echt" oder „aus Gaude". Bei der ersten Art werden wertvollere Dinge eingesetzt, bei der zweiten Art handelt es sich häufig nur um eine „Watsch'n". Die Jugend besitzt auch traditionelle Rechte, wie z. B. das „Auf den Kopf stellen" des Schulzimmers am Fasenachtsdienstag. Ein Eingriff in solche Rechte würde nicht verstanden werden.

Die Handwerker

23. Handwerkerüberlieferung

Bei einem Gang durch die Straßen der Altstadt drängen sich unserem Blick ständig die Zeugen einer uralten Handwerkerüberlieferung auf. ... Einen Hans Sachs freilich hat Regensburg nicht aufzuweisen, aber noch ragen wehrhafte Häuser und stolze Türme in den Himmel und geben Zeugnis von Glaube und Kraft dieser alten Werkleute. Und noch blüht der gleiche Handwerkerstand in dieser Stadt, untrennbar verbunden mit dem Erbe der Jahrhunderte, noch steht in Regensburg „der ganze Boden, aus dem diese stolzen Gipfel alter Kunst aufwuchsen, in vollem Saft".[62]

Die Zunftordnungen Regensburgs gleichen im allgemeinen denen der bayrischen Landstädte.[63] Es sollen also hier weniger diese Ordnungen betrachtet werden als die Bräuche, die Sagen und die Feste der Handwerker, ihre Einfügung in das Lebensbild der Stadt und ihre Bedeutung für deren eigenartigen Charakter.

24. Bäckersage

Ein Wahrzeichen Regensburgs, wenn auch ein sehr verborgenes und bescheidenes, ist immer noch das Kuhgässel.[64] Es trägt seinen Namen von folgender sagenhaften Begebenheit: Ein Bäckerjunge ging einst mit seiner „Kirb'n"[65] durch dieses enge Gäßchen. Da kam ihm ein Bauer entgegen, der eine Kuh vor sich hertrieb. Der Bäckerjunge wollte ausweichen, was aber die Enge nicht zuließ. Er wurde von der Kuh an die Mauer gedrückt, so daß er kurz darauf starb. Zur Erinnerung daran wurden an einem Eckhaus zwei steinerne Semmeln angebracht – Regensburg hatte ein Wahrzeichen mehr und das Gäßchen seinen Namen. Es wird aber auch erzählt, daß eine Hexe den Bäckerjungen erdrückt habe. Darum hieß es früher auch Hexengäßl.[66]

25. Das Schupfen der Bäcker

Die Semmeln[67] sind auch ein Berufszeichen der Regensburger Bäkker, das sie früher neben den Brezen häufig auf ihrem Geschäftsschild führten. Manchmal aber scheinen diese Semmeln etwas zu klein ausgefallen zu sein, so daß eine Ratsverordnung des 14. Jahrhunderts dagegen schon vorgehen muß: „Swer ... ze chlein pechet, da wellent min herren dehein gut von nemen und wellent in wan schupfen lazzen nach dem alten recht."[68] „Schupfen" bedeutete das Untertauchen des Bäckers von einem Galgen aus in eine Kotlache.[69] Manchmal war auch nur eine mit Wasser gefüllte Hülle vorhanden, in die der Sünder hineingetrieben wurde. Aventinus beschreibt das Schupfen in der „Bairischen Chronik" mit folgenden Worten: „Es war zu dieser Zeit der Brauch zu Regensburg, wenn ein Bäcker zu kleines Brot buk, strafte man ihn, setzte ihn auf einen Schneller und ließ ihn in eine Pfütze oder Kotlache fallen."[70]

26. Teure Zeit

Freilich, trat eine Hungersnot ein, dann konnten auch die Bäcker für die kleinen Brote nicht verantwortlich gemacht werden. Im Katharinenspital wurden solche winzige „Hungerbrote" von 1817 aufbewahrt.[71] Ein zeitgenössisches Stammbuch[72] berichtet aus der „Teueren Zeit": „Den 1. Juli 1817 ist der Strichlaib auf 1 fl. 22 Kr. herunterkommen, der große Kipf auf 23 Kr. 2 Pf., das Kreuzerbroth auf 1 Loth 2 Quintl. Den 8. Juli ist der Strichlaib auf 1 fl. kommen, der große Kipf auf 15 Kr., ein Kreuzerweißbrot 2 Loth 1 Quintl." Natürlich wurde dann dem „ersten Getreidewagen" ein feierlicher Empfang bereitet. Das gleiche Stammbuch erzählt: „Am 22. Juli ist dem hiesigen Herrn Bierbrauer Stadtler in der Ostengasse die erste Fuhre Getraidt eingeführet worden, wo auch ein feierlicher Zug gehalten. Die beiden Herrn Geistlichen, Herr Pfarrer Hartner und Herr Kaiser, empfingen die Wagen, die Waisenkinder als Schnitter trugen einen Triumphbogen ... diesen folgten die Schützen von der bürgerlichen Nationalgardte bis zur Neuen Pfarr in die Kirche, worauf ein Dank- und Lobpredigt von Herrn Pfarrer Hartner ist abgelegt worden."[73]

27. Brotarten

Beliebt waren die Krapfen der Regensburger Bäcker, die besonders an hohen Festtagen verkauft wurden, so „an sand Görigen hochzit, an sand Vites hochzit, ze sand Peters meesse, ze sand Heimerames messe".[74] Zu dem feineren Gebäck gehörten außerdem die „Hornafen",[75] die Fladen und Honigkuchen. Einfachere Brotarten waren die Kipfe und die Striezel.[76] Zeitenweise wollten die Bäcker nicht mehr Brezen backen, weshalb es ihnen von der Stadt nachdrücklichst befohlen wurde.[77] Den Brezenbuben, der diese Gebäcke an einer langen Stange aufgereiht hat, kann man heute noch antreffen. Von hohlen Broten erzählte man sich, daß darin des Bäckers oder gar des Teufels Seele wohne.

28. Sage von der Wurstküche

Die Regensburger Würste sind in ganz Deutschland bekannt, eine besondere Art trägt sogar den Namen der Stadt. Merkwürdigerweise ist dieser Name in Regensburg selber fast gar nicht gebräuchlich. Hier heißen die „Regensburger" meistens „Knackwürste". Nicht weniger berühmt sind die Bratwürste der „Wurstkuchl", die mit denen des Nürnberger „Bratwurstglöckls" in edlem Wettstreit liegen. Über das Alter und die wirkliche Entstehung der Wurstkuchl mag die Geschichte entscheiden. Hier soll nur eine Sage Platz finden, die auch in Regensburg heute schon fast vergessen ist. Ich erzähle sie nach den Aufzeichnungen Neumanns zu seinem beabsichtigten „Sagenbuch", das er aber nicht mehr herausgeben konnte.[78]

Im Jahre 1135, als infolge des heißen Sommers die Donau fast ausgetrocknet war, beschloß der Rat der Stadt, eine Brücke über die Donau zu bauen. Cunrad, ein armer Geselle, der beim Dombau beschäftigt war, bekam auf geheimnisvolle Weise den Auftrag zu deren Bau. Es wohnte da in der Westnervorstadt ein reicher Metzger – der „Dicke Heinz" genannt – in seinem Haus „zum Paradies". Cunrad kam täglich auf seinem Weg zur Dombauhütte bei Heinz vorbei und kaufte sich wohl auch manchmal ein Würstchen. Weil er diese nun so gerne aß, sein Geldbeutel aber sehr klein war, hatte er keinen sehnlicheren Wunsch, als des dicken Metzgers Tochter Bärbel zu heiraten. „Was wollte ich da Würstchen essen!" dachte er bei sich. In seiner Habgier ließ er sich nun mit dem Teufel ein, der ihm gegen die ersten drei Seelen, die über die neue Brücke gehen würden, einen wunderbaren Plan einer Brücke gab. Cunrad legte diesen Plan dem Rat der Stadt vor und der Auftrag ward ihm sogleich übergeben. In elf Jahren war die Brücke fertiggestellt. Der Brückenbaumeister Cunrad trat nun als ein wohlhabender Mann vor den Metzger und bat um die Hand seiner Tochter, die ihm auch nicht mehr versagt wurde. So stand nun Cunrad eines Tages bei Bärbel in der Küche und wollte sich von seiner zukünftigen Hausfrau ein paar Würstchen braten lassen. Aber der Teufel, der den Baumeister ständig verfolgte, stand auch am Herd und leckte fortwährend das Schmalz von der Pfanne, so daß die Würstchen verkohlten. Vor Wut warf Cunrad die Pfanne gegen die Wand und schrie: „Eh ich ein Weib nehme, das keine Würstchen braten kann, soll mich der Teufel holen!" Kaum gesagt, da hatte ihn der Teufel schon geholt! Cunrad wurde nicht wieder gesehen. Nun aber klatschten die Leute und schoben alle Schuld für das Verschwinden des Brückenbaumeisters dem dicken Metzger in die Schuhe. Der geriet ob solcher Verdächtigungen in Zorn und rief: „Was geht mich der Brückenbaumeister an! Was geht mich die ganze Brücke an! Wir hätten überhaupt gar keine gebraucht!" Diese Äußerungen wurden dem Rat überbracht, der den Metzger kurzerhand ins Gefängnis werfen ließ. Er wurde auf 11 Jahre der Stadt verwiesen, mußte sich aber gleich außerhalb der Mauern nächst der Steinernen Brücke ansiedeln. Alle Jahre, an dem Tag, da er sich gegen den Rat der Stadt vergangen hatte, mußte er von zehn bis elf Uhr auf dem Dache seines Häuschens sitzen. Heinz baute sich also die Wurstkuchl, die heute noch steht. Weil er aber alle Jahre einmal auf das Dach seines Hauses zu steigen hatte und er doch so dick war, baute er die Kuchl ganz niedrig, um sich nicht zu arg plagen zu müssen. Am Herd aber stand noch viele Jahre seine Tochter Bärbel und briet die Würste, freilich mit mehr Glück als ehedem. Den „Dicken Heinz" aber hieß man wegen seiner merkwürdigen Buße den „Kuchelreiter".

29. Sagen von Bierbrauern und Wirten

Nachdem Bäcker und Metzger ihre Sage haben, ist zu erwarten, daß auch der dritte im Bunde derer, die für des Leibes Wohl sorgen, etwas zu bieten hat – der Bierbrauer. Wenn der Regensburger Bierbrauer zuviel Wasser ins Bier gepanscht hatte, dann war er nach dem Volksglauben verurteilt, nach seinem Tod auf der Burgruine Stockenfels zu geistern.[79] Dort müssen die Bierpanscher aus dem Regenfluß Wasser schöpfen, das sie dann in einer langen Reihe in Kübeln bis zum Burghof hinaufreichen, wo es dann der Schlußmann in ein großes Faß ausgießt, das aber keinen Boden hat. Unter den Wasserschöpfern sind namentlich der „Dicke Bräuer" von Regensburg und der „Podagrowirt" von Haag bekannt, die mit der Arbeit, die ihnen recht sauer wird, oft einhalten, „von ihren Gefährten aber immer wieder zu neuer Tätigkeit angetrieben werden".[80] Aber auch den Wirten geht es nicht besser. Die Wirtin von St. Mang[81] steckte beim Einschenken immer den Daumen in den Bierkrug und betrog so die Gäste um einen kleinen Teil; denn viele Daumen gäben auch eine Maß. Darum mußte sie nach ihrem Tode umgehen und dabei immer rufen: „Hundert Daam is aa a Maß." Ihre Hand war feurig. Als ein Beherzter dem Geist einen Flederwisch hinhielt, ging dieser in Flammen auf.[82]

30. Wirtshäuser

Die Wirtshäuser waren schon immer sehr zahlreich in Regensburg. Sie sind zum Teil schon sehr alt, so das „Goldene Posthorn", der „Goldene Bär" und der „Goldene Adler". Auch ein Wirtshaus „Zum Wilden Mann" stand einst in der Brückstraße. Vielfach sind heute noch Gassen und Straßen nach ihnen benannt. Schöne Wirtshausschilder haben sich am „Walfisch" und am „Posthorn" erhalten. Am „Bären" in der Ostengasse steht noch der alte Spruch:

„Dieß Haus stehet in Gottes Hand,
zum Bärn an der Kettn ists benannt."

Im 19. Jahrhundert lagen in den Wirtshäusern noch Salz und Brotlaib auf dem Tisch und waren für alle Gäste frei.

31. Fasenachtsspiel der Schreiner

Der Historische Verein von Regensburg besitzt das wertvolle Manuskript eines Fasenachtsspiels, das August Hartmann 1893 in der Zeitschrift „Bayerns Mundarten" veröffentlichte. Es ist dies ein Spiel der Regensburger Schreiner, dessen Aufführung einst zu den großen

Ereignissen der Stadt gehörte. Über die Festlichkeiten der Schreiner sind uns verschiedene Zeugnisse erhalten. Das Spiel selbst gibt uns Aufschluß darüber. Der Titel lautet nämlich: „Schreinerspill. Wie das allhie in Regenspurg ist gehalten worden Im 1618. Jar. sambt einem kurtzweilligen Possenspill auff das ainfelltigest beschrieben durch Steffan Egl, Schreiner vnd Burger der Zeit alhie in Regenspurg." Ein Chronist schreibt darüber: „Dise Faßnacht (1618) haben die Schreiner ihr spil gehalten, aber 8 Tag zuvor in dem Zeughauß vmbs Gelt sehen lassen, welches sonst niemals geschehen. Am Aschermittwoch, da das Hauß verbrennt worden, ist das Feuerwerckh (Lorenz Schopf Schleiffer hats gericht) ziemlich lustig abgangen."[83] Der Chronist Elsberger erwähnt das Spiel ebenfalls: „1618 den 18. Febr. hielten die Schreiner ihr Spiel das Licht auslöschen genannt."[84] Was hat nun dieser merkwürdige Brauch des Lichtauslöschens oder -tränkens zu bedeuten? Im ersten „*actus*" spricht ein Geselle:

> „Des liechts kan ich mich nit erwern,
> so grausam thuet es mich beschwern,
> gib mir ein rath, ach brueder mein,
> das manß bring vmbs leben sein!"

Darauf ein zweiter Geselle:

> „Den Maistern leg nit vil daran,
> blibs gleich biß auff Ostern stan.
> es ist bis auff Faßnacht genue.
> sollen wir mer Zeit bringen zue,
> lenger darbey arbeiten zu Nacht?"

Nach langen Wechselgesprächen erfahren wir im dritten Akt durch einen Meister, was unter dem Lichttränken zu verstehen ist: die Gesellen wollen nicht mehr bei Licht arbeiten; sie haben überhaupt im Sinn, sich auf die Wanderschaft zu begeben. Im zehnten Akt entscheidet dann ein Richter, was mit dem Licht zu geschehen habe:

> „Von vill geyebter beschwernus wegen
> das liecht nit mer soll bleiben am Leben,
> Sonder daruon zum todt wert bracht
> vnd ir von jm wert frey gemacht,
> auch jm genommen wert sein schein
> also vernembt das Urteil mein."

Einige Tage nach der Aufführung des Spiels wurde dann das Licht tatsächlich auf der Donau getränkt. Dabei gab es ein großes Feuerwerk: Die Schreiner schossen aus Hobel, Zirkel, Beil usw., berichtet uns Egl im Nachwort des Spiels. Die Schreiner verfertigten ein hölzernes Abbild ihres Hauses und verbrannten dies auf der Donau, wobei mit Raketen nicht gespart wurde.[85] Die Rollen des Schreinerspiels waren alle auf Männer verteilt, doch „meniglich sahens für weiber an".

32. Andere Handwerkerfeste

Auch von anderen Handwerkerfesten wird uns berichtet. 1585 erhielten die Kufnergesellen die Bewilligung, Spiele abzuhalten, doch nur mit „stiller Musik", also Geigen und Pfeifen ohne Trommeln.[86] 1619 zogen die Lederer mit Bettstätten und Säcken über die Straße und hielten auch einen Tanz.[87] Die Schuster führten bei ihren Umzügen einen großen Stiefel mit, worin ein Mann ging. An ihren Zug schlossen sich Fechtübungen.[88] Auch die Kürschner hatten ein Handwerkerspiel. Hosang erzählt auch, daß auf dem Oberen Wörth Fischerstechen abgehalten wurden.[89] 1626 „den 22. Febr. haben die Schreiner allhir einen auf Zug gehabt, in Form des Königs Sostratis Triumph, ist lustig zu sehen gewesen".[90] Die Schreiner zogen immer als militärische Truppe auf mit Hauptmann und Fähnrich. Wenn uns auch von Schwerttänzen bei Handwerkern nichts Genaues überliefert ist, so verraten uns doch einige Zeilen im „Schreinerspiel", daß solche bekannt gewesen sein müssen:

> „Hab selbst verthon meines vattern guet
> biß auff einen alten Viltzhuet,
> der liegt zu Wien jm tieffen keller
> er ist versetzt nur vmb 3 heller ..."
> „... bin ich ein reicher kauffmann worden
> vnd zeich den Reinstram auf vnd nider,
> bettels brott, verkhauff es wieder. ..."

Darin sind viele Anklänge an die verbreiteten Schwerttanzverse enthalten.[91] Auch der Narr, der bei den meisten Schwerttänzen mitwirkt, tritt im „Schreinerspiel" auf. Das Fahnenschwingen wurde bei den Festen der Handwerker geübt.[92] An den Jahrtagen der Handwerker zogen die Zünfte mit Musik und Fahnen in die Kirche.[93]

33. Handwerkerlieder

Selbstverständlich hatten die Regensburger Handwerker auch ihre Lieder. Bekannt ist das Jahrtaglied der Schneider, die auf der Regensburger Kirchturmspitze zusammenkamen. Ein Zunftlied der Papiermacher aus Regensburg konnte ich erstmals in der Zeitschrift „Die Bütte" veröffentlichen.[94]

1. So lasset nun erschallen,
Die ihr den Nahmen führt,
Der Papiermacher Kunst vor allen,
Und singet mit Begiert,
Was sie vor einen Nutzen,
Bringet in allem Stand,
Wir wollen eines singen,
Und machen uns bekannt.

2. Wir sind gar hoch begabet,
Mit unser Edlen Kunst,
Vom Kayser hoch begnadet,
Und dises nicht umsonst,
Diewil wir Ihm gar wohl dienen,
In seinen Kaysers Thron,
Hat er uns wollen beschencken,
Mit seinen Gnaden-Lohn.

3. Wer zu der Kunst will tretten,
Muß seyn ein Ehrlichs Blut,
Aus reiner Ehe gezeuget,
Vier Jahr auch lehrnen muß,
Und will er sich Verehen,
So muß es auch so seyn,
Daß sie von Ehrlichen Eltern,
Gebohren also rein.

4. Wir sollen auch also haben,
Die Freyheit immerdar,
Wie seyn unter König und Grafen,
Solln uns die Freyheit lahn,
Daß wir in Handwercks-Sachen,
Selbst richten nach Gebühr,
Den Übertretter straffen,
Nachdems erkennen wir.

5. Wir machen aus den Alten,
Ein Neues gantz dafür,
Vor dem sich mancher g'scheuet,
Die Nas gerümfft dafür,
Diß legen wir Hohen Herren,
Wol für das Angesicht,
Sie habens auch in Ehren,
Schaffen groß Nutzen mit.

6. Wie wollten große Herren,
Führen ihr Regiment,
Wenn das Papier nicht wäre,
Zu schreiben gleich behänd,
Wo wolte man hernehmen,
Kalb-Häute überall,
Alles darauf zu schreiben,
Das was man nöthig hat.

7. Wie wolt man Bücher machen,
Wann man kein Papier hät,
Die doch nöthige Sachen,
Auf Universität,
Mancher hat sonst studiret,
Wohl Fünffzig gantzer Jahr,
Ist doch so weit nicht kommen,
Als jetzt vor vilen Jahr.

8. Dadurch wird ausgebreitet,
Das reine Gottes Wort,
Der Mensch darzu geleitet,
Den Weeg zur Himmels-Pfort,
Viel Menschen wären bliben,
In der Unwissenheit,
Und nimmermehr gelanget,
Den Weeg zur Seligkeit.

9. Wie wolt man die Jugend bringen,
So weit in kurtzer Zeit,
Mit Schreiben, Lesen, und Singen,
Wenn man nicht mit Bescheid,
Auf das Papier thät zeichnen,
Zu führen ihnen die Hand,
Und gleichsam ihnen einsäuget,
Biß daß es ihnen bekannt.

10. Das Rath-hauß auch dergleichen,
Es auch gar nöthig hat,
Daß man darauf thut schreiben,
Was man geschlichtet hat,
Die Herren Advocaten,
Und Schreiber allzugleich,
Die könnens nicht entrathen,
Solls kosten Kind und Weib.

11. Manch Kleiner hat geschrieben,
Auf dem Papier alldort,
Daß er so weit gestiegen,
Zu Ehren kommen hoch;
Wer das Papier thut meyden,
In seynen nidrigen Stand,
Der wird in Armuth bleiben,
Wohl all sein Lebenlang.

12. Die Herren Kauffleuth alle,
In der Handelschafft,
Die könnens nicht entrathen,
Weilen es Nutzen schafft,
Zum schreiben müssen sie haben,
Das schöne weiß Papier,
Das schwartz zum packen brauchen,
Womit auch dienen wir.

13. Daß man in kurtzen Zeiten,
Kan machen gleich behänd,
Wohl über tausend Meilen,
Geschwinde und Gelenck,
Kan wahre Freundschafft pflegen,
Mit seinen guten Freund,
Bringt das Papier zuwegen,
Soll das nicht nutzlich seyn.

14. Man solte ja wohl sagen,
Daß fast auf diser Welt,
Kein Mensch uns kan entrathen,
Er sey jung oder Alt,
Derer Handwercks-Leut gar viele,
Ernähren sich damit,
Will etliche erzehlen,
Verzieht ein wenig mit.

15. Die Herren Buchhändler alle,
Nähren sich reichlich mit,
Die Drucker auch dergleichen,
Schaffen groß Nutzen mit,
Kupfferstecher auch darneben,
Buchbinder allzumahl,
Brieffmahlern thun wir geben,
Viel Papier ohne Zahl.

16. Viel andere zu verschweigen,
Die jetzt nicht nöthig seyn,
Daß man es auf thut zeichnen,
Es ist ohn dem bekannt,
Wir wollen jetzo schließen,
Wohl unser Lob-Gedicht,
Laß sichs keiner verdrießen,
Es sit zur Ehre gericht.

17. Wer wolte denn nicht sagen,
Die Kunst ist Ehren werth,
Deßwegen wir auch begnadet,
Wie oben schon erwehnt,
So laßt uns auch befleißen,
Daß wir je mehr und mehr,
Der Kunst zu ihrem Preiße,
Vermehren immermehr.

34. Lehrjungen und Gesellen

Wie es beim Einschreiben eines neuen Lehrjungen zuging, zeigt uns die Kostenzusammenstellung des Regensburger Stadthauptmanns Schmid von 1590 für seinen Enkel Heinrich, der ein Goldschmied werden wollte.[95]

„Verzaichniß was mein Enickl Hainrich mich ... khost vnnd gestanden hatt.

Item den 18 tag Martj hab ich In verdingt zu dem herrn pettern Praunßmendl Burger vnnd Golltschmid alhir auf Funf Jhar lang daruon ich Ime versprochen die Jhar vber zu geben	22 fl	
Seyner Hausfrauen zum leickoff	2 fl	
Ferner so hab ich Im zum Braunßmändl am Freytag hernach bey dem petter Opll geschickht wellches den 20 Martj beschechen deßhalb Jhar Gellt	11 fl	
Mer Innß Hantwerckh	1 fl	
den gesölln zuuerdrinckhen geschenckht		36 k
Item alls ich In verdingt hab vmb wein	1 fl	30 k."

Weiterhin wurde beim Dingen ausgemacht, daß Schmid den Buben fünf Jahre lang mit Kleidern zu versehen habe, wogegen ihm der Meister Liegestatt und Bettgewand geben wollte. Nach zweieinhalb Jahren[96] sollte der andere Teil des Lehrgeldes fällig sein: 11 Gulden. Der Meister versprach darauf, ihn „als ein Kind" zu halten und ihn ständig zu einem ehrbaren Lebenswandel zu ermahnen. Selbstverständlich mußte auch der Lehrjunge beim Dingen versprechen, sich genau an die Ordnung zu halten. Daß solche Lehrjungenordnungen sehr umfangreich waren, zeigen die Aufzeichnungen vom Jahre 1804 aus der Regensburger Tapeziererlade.[97] Die Ordnung umfaßt 12 Punkte:

1. Über das Beten und den Kirchenbesuch.
2. Über das Aufstehen.
3. Über das Waschwasser.
4. Über Treue und Ehrlichkeit.
5. Über das Werkzeug.
6. Über das Verhalten dem Meister gegenüber.
7. Über das Verhalten den Gesellen gegenüber.
8. Über Pünktlichkeit und Anstand.

9. Über das Beschwerderecht beim Meister.
10. Über das Säubern der Werkstatt.
11. Über Licht und Feuer.
12. Über die Pflichten beim Ausgehen.

Die genaue Befolgung mußte der Lehrling vor den versammelten Meistern „mit Mund und Hand" geloben, worauf ihm alle Glück und Segen wünschten.

Das „Schreinerspiel" erwähnt einen Brauch, „Hobeln" genannt, in dem wir eine Zeremonie beim Freisprechen der Lehrjungen oder der Gesellen zu sehen haben. Der „Hobler" sagt da:

> „Auß groben flögln ich machen kann
> einen geschwinden Subtillen man."

Und die Antwort darauf:

> „Hört, jhr lieben Maister mein!
> ich bring euch ein jnß hertz hinein
> von wegen einer großen kunst,
> die ir an mir nicht umbsunst,
> habt gebraucht vnd seit bewert,
> von mir mit disem trunckh verehrt."[98]

Beim Eintreffen eines Neulings mußten zwei Gesellen für ihn um Arbeit anhalten, mit ihm Wein trinken und ihn darauf zum Meister führen.[99] Ähnliche Bräuche herrschten auch beim Abzug der Gesellen.[100] Aber schon im 16. Jahrhundert verbietet ein Dekret der Stadt das „Schenken und Zehren" beim An- und Abzug der Handwerker.[101] Wie ein Handwerkergruß beim Eintreffen eines neuen Gesellen vor sich ging, bestimmte die Riemerordnung von 1688:[102] „Geht ein reisender Riemergeselle auf Geschenk, so ist es Handwerksgebrauch, daß er an der Werkstattüre anklopft, den Stock und Hut in der linken Hand hält und die untersten 3 Knöpfe im Rock zuknöpft. Dann folgen Gruß und Gegengruß und zwar zuerst mit dem Meister. Fremder: Gott ehre das Handwerk! Meister: Mit Gunst fremder Riemer! Fremder: Verseh mich, Junger! Meister: Versehe mich ein Meister! Willkommen wegen des Handwerks! Fremder: Schön Dank! Meister und Gesellen lassen dich grüßen von (Ort, wo man zuletzt gearbeitet) und (wo man zuletzt übernachtet hat), wo ich allenthalben nach Handwerksgebrauch hergezogen bin! Meister: Schön Dank! Willkommen allhier!"

35. Arbeits- und Freizeit

Im Jahr 1516 erwähnt die Bauamtschronik ein Haus am Unteren Wörth, „darauf di glockhen hanngt".[103] Damit wurde den Arbeitern zum Arbeitsbeginn und -schluß das Zeichen gegeben. „Schon um 1366 schlug eine Glocke im Marktturm Beginn und Schluß des Tagwerks an; später dienten diesem Zweck zwei Glocken, eine größere und eine kleinere."[104] Später wurde dann für diesen Zweck eine eigene Uhr eingerichtet, deren Schläge weithin zu vernehmen waren.[105] Der „blaue" oder „guete" Montag war auch in Regensburg im Schwung; er wird auch in einem Dekret von 1765 erwähnt. Jede Zunft hatte ihren besonderen Feiertag, an dem nicht gearbeitet wurde. Bei den Töpfern war es der Brauch, daß sie „geveirt haben alle iar von weichnahten untz bis liechtmezz".[106] Gegen solche alten Rechte halfen auch die Verbote von Stadt und Kaiser sehr wenig.

36. Recht

So hielt sich die Anschauung lange Zeit, daß verschiedene Berufe „unehrlich" seien. Aber auch ein redlicher Handwerker konnte unehrlich werden, wenn er mit einem armen Sünder oder auch nur mit einer Hinrichtung in Berührung kam.[107] Hosang erzählt von einigen Schustergesellen, denen die Franziskaner in Stadtamhof Locken und Zöpfe abschnitten, als sie diese beim Obststehlen in ihrem Garten erwischt hatten. Die Folge davon war, daß die Gesellen eiligst ihr Bündel schnürten und ob der großen Schande die Stadt noch in der Nacht verließen.[108] Merkwürdig waren oft alte Rechte. So mußte der älteste Meister des Regensburger Messerschmiedhandwerks in seinem Laden einen großen Wetzstein aufhängen und jedem erlauben, sein Messer daran zu schärfen, der es im Namen des Herrn von Paulsdorf zu Kürn begehrte.[109] Die Meistersöhne von Regensburg waren bei allen Handwerkern bevorzugt und genossen besondere Rechte.[110] Streng waren die Gesetze, die die Stadt für die Handwerker erließ. Das Schnellen der Bäcker wurde zeitweilig auch auf Metzger und Fischer ausgedehnt.[111]

37. Dom und Steinerne Brücke als Handwerkerdenkmäler

Launiger Handwerkergeist schmückte einst die Bauwerke mit geheimnisvollen Zeichen. In Regensburg können wir dies besonders schön am Dom und an der Steinernen Brücke beobachten, „und man vermeynt, daß wer solches Werck nicht weiß oder dessen Ursach geben könne, derselbe sey zu Regenspurg nicht gewesen".[112] So war der Eselsturm am Dom ein Wahrzeichen für wandernde Mauerer und Steinmetzen.[113] Dort ist auch der Dombaumeister zu sehen, wie er sich mit einem Scheffel vor dem Kopf herabstürzt – hat er doch die Wette verloren mit dem Brückenbaumeister, dessen Lehrjunge auf dem Brückengeländer sitzt (das „Brückenmännchen") und zum Dom herüberschaut. Auf der Brücke aber sah man auch noch die drei „Seelen", die der Brückenbaumeister dem Teufel opferte: einen Hund und zwei Hähne.[114] Der Hund ist heute schon verschwunden. Der Teufel und seine Großmutter aber sitzen im Dom gefangen.[115] Auch einen Weiher gab es früher im Dom, in dem nach dem Volksglauben Fische eingesetzt waren: tatsächlich aber war es ein Kessel, auf dessen Grunde Petri Schifflein mit zwei Fischen in Kupfer getrieben zu sehen war.[116] Hoch oben am Dom hängt der „Bienenkorb", eine Pyramide, so geheißen, weil sich dort einmal ein Schwarm Bienen angesiedelt haben soll.[117] An der Brücke waren ehedem noch der kleinste und der größte Stein nebeneinander zu sehen und eine Eidechse, die eben aus der Donau kroch – herauf auf die Brücke: wohl ein Symbol, das einen glücklichen Anfang des Brückenbaues bedeutete;[118] denn dies wußten die alten Handwerker:

„Wann Glückh vnd gunst nicht wil,
Hilfft Wytz vnd Kunst nit vil."[119]

Die Schützen

38. Die Stahlschützen

Eine altehrwürdige Gesellschaft bilden in Regensburg die Schützen, die aus der Geschichte der Stadt nicht wegzudenken sind. Die Regensburger Stahlschützengesellschaft kann nun auf ein Alter von 500 Jahren zurückschauen. Durch die Jahrhunderte konnte sich diese Gilde lebendig erhalten. Die Gesellschaft „zum großen Stahl" wurde wohl aus Gründen der Verteidigung der Stadt gebildet. Später freilich ging diese Aufgabe auf andere Gruppen über. Die Schützen aber trugen durch die Jahrhunderte das Verdienst einer wehrhaften Erziehung, die sicher auch ihre Früchte getragen hat. Ebenso dankbar dürfen wir den Schützen heute sein für die Überlieferung eines Brauchtums voll von Kraft und Frohsinn.

39. Schützenfeste

Schon in den Jahren 1432, 1456 und 1586 werden große Schießen in Regensburg erwähnt.[120] Das schönste Schützenfest fand aber wohl 1586 statt, das abgehalten wurde „von wegen vnnd zu Erhaltung guetter Nachporschafft" mit anderen deutschen Städten.[121] Von diesem Schießen hat uns denn auch der Regensburger Peter Opel eine feine Beschreibung hinterlassen, der er auch einige aufschlußreiche Stiche beigab. Es waren Schützen aus vielen deutschen Städten gekommen, um sich mit den Regensburgern in fröhlichem Wettstreit zu messen. Die Regensburger setzten einem Vertreter der Stadt Ulm den Schießkranz aufs Haupt und Kaspar Lerff (Lerch?) aus Augsburg beschreibt diese Handlung mit folgenden Versen:

> „In dem hat man eim feinen Heeren
> die Schachtel den Fann mit dem Kranz
> verehret auch sambt einem Tanz
> mit dieser Jungfrav die in hedt
> getragen her auf diese stedt.
> Der Kranz war schön mir das gelaubt
> den trug der Herr auff seinem Haubt.
> Will andre davon reden lohn
> nit vill wird man der gsehen hon
> so herrlich gemacht geziert mit Golt
> ein Lust wars, der ihn sehen sollt ..."[122]

Auch in späteren Jahren gab es solche Schießen, doch erreichte keines mehr an Glanz das von 1586. So wurde 1763 zur Feier des Friedens von Hubertusburg ein großes Fest mit Vogelschießen abgehalten.[123] 1827 fand ein Schützenzug statt, der aber schon mehr allgemeinen Charakter trug. Man sah Dollinger und Krako mitreiten, die Handwerker zeigten sich in ihren alten Trachten usw.[124] Am 15. Juli

1834 war ebenfalls ein großer Schützenzug zu Ehren der bayrischen Prinzen, die gerade in Regensburg weilten. Dabei wurden Sichel- und Reiftänze aufgeführt.[125] Ein beliebtes Spiel der Schützen war das Ringelstechen oder -rennen. Dabei wurde von einem galoppierenden Pferd aus mit Lanzen nach Ringen gestochen. Die Bauamtschronik berichtet, daß 1613 Schranken zum Ringelrennen aufgeführt wurden.[126]

40. Der Festplatz

Das Schießen von 1586 erfreute sich der besonderen Unterstützung der Stadt. Diese ließ sogar einen Glückshafen aufrichten, der allerdings keinen Überschuß an Geld einbrachte. Der Rat gab dazu eine eigene Glückshafenordnung heraus.[127] Es waren 250 Gewinne ausgesetzt. 37 000 Zettel wurden dabei verkauft. 11 Zettel kosteten einen Gulden. Auf dem Festplatz gab es nach Peter Opels Beschreibung auch sonst noch allerhand Kurzweil. Drei Kugelplätze waren vorhanden, einer mit drei Kegeln, der andere mit neun Kegeln und der dritte mit zwölf Löchern und den Ziffern 1-12. Weiterhin konnte man sich mit Würfelspielen die Zeit vertreiben. Dabei konnte man auf Zahlen oder Farben setzen. Auf einem besonderen Platz stand eine Holzfigur, die in der einen Hand einen Schild trug, in dem ein Loch war. Mit einer Lanze ging nun der Schütze auf die Figur los. Traf er in das Loch, so hatte er wohl gewonnen, kam er aber mit seiner Lanze auf den Schild, so drehte sich die tückische Figur und verabreichte ihm mit einem Kolben einen wohlgezielten Hieb. Daneben stand ein „Wilder Mann", dem man hölzerne Kugeln in den Mund warf. Auf der Erde lag ein „Hahn oder Gecker", nach dem mit Prügeln zu werfen war. Eine Reiterfigur diente ebenfalls als Ziel.

41. Schützenmünzen

Zur Erinnerung an dieses große Schießen wurden auch Münzen geprägt. Auf einer dieser Schützenmünzen stand zu lesen:

„Der Schavgrosch soll erinnrn dich
des Hafns im jar Sechsvndachtzig."[128]

Solche Münzen konnte man im Glückshafen gewinnen. Aber auch Prämienmünzen gab es, so eine von 1582, auf der zu lesen war:

„H L M Gab mich bevor
zum Kranzlschießen.
Der Feder zu E
heren That man mich gießen."

42. Prozession und Schutzheiliger

Bei der Fronleichnamsprozession hatten die Schützen das Recht, den Baldachin zu tragen.[129] Ihr Schutzheiliger war (noch 1526) St. Sebastian, dem sie jährlich Amt und Predigt halten ließen.[130]

43. Die Stadtknechte und die Invaliden

Auch die alten Stadtknechte hatten beileibe nicht nur Aufgaben im Dienste der Ordnung und Sicherheit. Auch sie wirkten mit, wenn die Stadt ein Fest beging. So führten sie im Jahre 1510 gemeinsam mit dem Spiel der Kürschner einen Schwerttanz auf.[131] Freilich waren sie auch darauf bedacht, daß ihnen von ihren Rechten nichts vorenthalten wurde, wie wir es schon bei den Geldern sahen, die ihnen bei den Hochzeiten zustanden. Die Stadtamhofer Invalidengarnison durfte noch um 1800 an Neujahr mit einem Hanswursten von Haus zu Haus ziehen und Geld einsammeln.[132]

Um sein Ziel auch sicher zu treffen, gab es gar „fürtreffliche Mittel", von denen uns das schon erwähnte Arzneibuch[133] einige überliefert.

44. Mittel zum „gewiß schießen"

„Gewiß zum schißen. Den stab welcher vber einen armen sinder gebrochen worden, genomen und die Kugel mit hin vnd (her)gestoßen."

„ocul de upup (Auge des Wiedehopf) und von einer ahlten Daube die Zunge, die Ihre Junge gehabt hat, binde die an die lincke Hand."

„Wo du von einer Ketten hast daz ein armer sinder daran gehenckt und … ein korn oder gesicht auff deine pichse machen so triffstu alleß. prob."

Man konnte sich aber auch selber vor feindlichen Kugeln durch solche Mittel schützen:

„Daß du nicht geschoßen werdest. Trache bey dir die erste balm, so am balmsondag heran schißen."

Brauch und Glaube im Leben der städtischen Gemeinschaft

Feier und Not

45. Neujahr

Am Vorabende hoher Feste bliesen die Türmer, „um die Gemüter zu erheben."[134] Festlich wurde allenthalben der erste Tag des neuen Jahres begangen. Sängerknaben zogen vor die Häuser und brachten ein frisches Lied zu Gehör, aber auch alte Frauen sangen noch im 18. Jahrhundert vor den Fenstern, von einer „Cyther mit einer Curvel" begleitet.[135] Weiterhin durften die Invaliden, wie wir schon hörten, Geld einsammeln. Man schenkte sich auch gerne Münzen, die eigens zu diesem Zweck geprägt wurden. Plato-Wild[136] kennt fünfzehn solcher Münzen, auf denen kleine Reime zu lesen waren, z. B.:

„DAS · NEIE · IAR · ZV · GEDENCKEN.
DVE · ICH · EVCH · DEN · SCHAV · GROSCHEN · SCHENCKEN."[137]

„GOTT · GEW · AVS · SEINER · GNADEN · GAR ·
EIN · GLVCKSELICH · NEVES · IAR · 1603."[138]

Häufig zeigten die Münzen einen Knaben, „welcher auf einem Stekken reutet und in der rechten Hand eine Windmühl hat".[139] Die Zeitungen druckten Neujahrssprüche, die sie natürlich auch zur Reklame benützten.[140]
Die Buchdrucker Reitmayr und Brencks Witwe gaben zu Anfang des vorigen Jahrhunderts ebenfalls Neujahrssprüche heraus, die die Nachtwächter in ihren Bezirken verteilten, wobei sie manches Scherflein einheimsten. Eines dieser Gedichte möchte ich hier mitteilen, das mir von all den schwulstigen „Liedern" noch als das erträglichste erscheint:

„Gesang
der
Regensburger Nachtwächter
der
unteren   Stadt
am
Vorabend des   Jahres 1839.
Sigmund Herbst, Johann Glöckl, und Johann Baumgartner.
Regensburg,
gedruckt mit J. Reitmayr'schen Schriften.

Des Jahres letzte Stund entrückt
Dem Zeitenwechsel und es blickt,
Ein jeder nach dem Ziele hin,
Wo Glück ihm lächelt und Gewinn.
    Gott Vater dir schall Lob und Preis,
    Nach uns'rer alten Väter Weis',
    Daß deine Hand uns hat bewahrt
    Vor Unglücksfällen aller Art.
Auch warst du gnädig jede Nacht
Bei Sturm und Wind auf uns'rer Wacht.
Wir bitten auch im künft'gen Jahr
Vor jede drohende Gefahr.
    Sei Schirm und Schild für unsre Stadt,
    Regierung und den Magistrat.
    Der Kunst Gewerb und Handelsstand
    Florire stets in Bayerland.
Den Lehrer und den Lehrerin
Belohn mit Weisheit das Bemüh'n,
Verleih der Jugend volle Kraft
Daß reife sie an Wissenschaft.
    Wir danken dir, o Herr und Gott!
    Für das verlieh'ne täglich Brod
    Für deine Güt Barmherzigkeit
    Jetzt und in alle Ewigkeit."

Bis in unsre Zeit hat sich noch der Brauch des Neujahranwünschens bei den Schornsteinfegern erhalten, die auch als besonders glückbringend gelten.

46. Dreikönig

Am Dreikönigtag wurden die Häuser ausgeräuchert als Schutzmittel gegen Hexen und Druden, weshalb 1811 den Bürgern der Stadt das königliche „Verbot des Ausräucherns" in Erinnerung gebracht wird.[141] 1746 kommt eine Verordnung des Bistums gegen die Dreikönigspiele heraus.[142] Näheres über solche Spiele hat sich nicht mehr erhalten. Auch das Umsingen der Kinder an Dreikönig verschwand schon früh.

47. Fasenacht

Sehr lebhaft aber ging es in der Fasenachtszeit zu. Wie die Teilnehmer der Reichstage dazu beitrugen, mag eine Beschreibung der Fasenacht von 1653 zeigen:

„... Unterdessen hat man sich von Päbstlicher Seite fast ein ganzes Monath mit Fastnacht Spilen lustig gemacht. Viele Mummereyen waren bey Tag und Nacht auf denen Gassen zu sehen, dergleichen in den vorigen Reichs Tägen nicht gesehen. Der Fürst von Würtemberg hat sammt seiner Gemahlin den Anfang gemacht, und ein großer Frequenz Adelicher Leute, da man bis an den Lichten Morgen lustig gewesen ein Bauern Fest gehalten. An der Herren Fastnacht hat man eine Schäfferey angestellt, mit etlich 20. Wägen in der Stadt herum gefahren, alles köstlich und prächtig in Schäffer und Schäfferinnen Liberey, so nicht wenig gegostet. Dabey etliche Wägen von Trompeten und Heerpaucken waren. Der dieser Schäfferey vorgeher und Führer gewesen, hatte eine Nase einer Elle lang, samt einen Knebel Barth, so zween darneben lauffende an 2 Schnüren gehalten und geführet. Diß haben viele dahin gedeutet, wie man die Stände bey der langen Nasen herum führe. Die Kayserliche Mayestät haben auch in Bischoffs Hof eine Wirtschafft gehalten, dabey allerley Handwercks Leute, so durch das Loos ausgetheilet von großen Herren sich befunden. Auch man drunten beym Capuciner Closter eine Comoedie und Opera in Wellischer Sprache auf geführt, die etliche 1000 fl. gekostet."[143]

Zu Kriegs- oder Pestzeiten, jedoch auch oft ohne jede Begründung, wurden die Fasenachtslustbarkeiten verboten. Als Ersatz dafür verteilte man 1516 unter die Kinder Süßigkeiten und schenkte den Jungfrauen ein Stück Wildpret.[144] 1527 wurden alle Fasenachtstänze verboten. „Sie fuhren auch nicht mehr in Bischoffs Hoff nach denen Krapfeln, welches bis anhero eine langwierige Gewohnheit gewesen war."[145] Jedoch schon 1540 gab es wieder eine „fröhliche Faßnacht" mit „Mumereyen, Tänz" und einem „Kranz-Mahle".[146] Um die Mitte des 18. Jahrhunderts waren besonders die Bälle im „Goldenen Kreuz" beliebt, zu denen freilich nur „Standespersonen" Zutritt hatten, wie folgende Anzeige des Regensburger Intelligenzblattes zeigt:

„Zu wissen ist hiemit, daß umstehende Fastnachtszeit in dem Goldenen Kreuz auf der Heide maskierte Bälle gehalten werden, worauf sowohl hohe als andere Standespersonen in modesten Masken erscheinen können; und sollen mit solchen maskierten Bällen Sonntags den 6. Januarii der Anfang gemacht und Sonntag und Mittwoch bis zum Ende damit kontinuieret werden, mit der Erklärung, daß niemand zur Vermeidung von Aergernis weder im geistlichen Habit noch in einer außerordentlich häßlichen Maske eingelassen wird, dann auch zur Verhütung von desordre niemand weder mit heimlichen noch offenem Gewehr erscheinen wolle."[147]

Am längsten aber haben sich die Fasenachtsbräuche bei den Kindern und Handwerkern erhalten.[148] In jüngerer Zeit kamen dann die Karnevalsbräuche auf in der Art der rheinischen Städte. Besonders setzte sich dafür die Gesellschaft „Narragonia" ein, die sich in den letzten Jahren in neuer Form bildete und wieder alljährlich für ein tüchtiges Narrenregiment sorgt. Zu den „Insignien" der Regensburger Narren gehört neben der Wurst besonders der Weichser Radi. Bis in unsere Zeit hat sich das Begräbnis des Prinzen Karneval erhalten, das vielfach noch mit „großer Trauer und Strömen von Tränen" begangen wird.

Die „Narragonia" hatte auch ihre Lieder, die bei den Festsitzungen abgesungen wurden. Mir liegt ein Liederblatt aus dem 19. Jahrhundert vor, aus dem ich das „Exerzier-Lied der Gurken-Garde" mitteile:

„1.

Nehmt die Krügel in die Hand,
Wackre Narren-Brüder,
Hebt sie voll bis an den Rand,
Singet frohe Lieder.
/: Stoßt mit an,
Mann für Mann! :/

>   Frei der Sinn, das Wort stets wahr,
>   Immer heiter sei der Narr.

(Bei dem Endreim wird angestoßen. Nach der ersten Strophe kommandiert der General: Achtung! Schultern! – Die Trommel gibt 3 Schläge. Beim ersten Schlag ergreifen alle die Krügel, beim zweiten halten sie dieselben vor den Mund, und beim dritten werden sie fest niedergesetzt.)

>   2.
>   Auf das Tempo habt wohl Acht
>   Hier beim Exerziren,
>   Gilt dem Biere ja die Schlacht,
>   Müssens gut probiren.
>   Stoßt mit ...

(Kommando: Achtung! Präsentirt! Drei Schläge wie oben, beim ersten werden die Krügel ergriffen, beim zweiten die Deckel geöffnet, beim dritten zugeschlagen.)

>   3.
>   Hoch! der Narren-General!
>   Hoch! die Legionen!
>   Stimmet an den Fest-Choral,
>   Feuert mit Kanonen!
>   Stoßt mit ...

(Kommando: Achtung! General-Decharge. Drei Schläge wie oben, beim ersten die Deckel geöffnet, beim zweiten getrunken, beim dritten zugeschlagen. Dann: Ruht! Rührt euch! Nach jedem Vers wird dreimal getrommelt.)"

48. Wassernot

Mit der beginnenden Frühlingszeit kommt in Regensburg fast alljährlich das Hochwasser, dem manchmal ein großer Eisstoß an der Steinernen Brücke vorausgeht. Die Bekämpfung dieser gefährlichen Eismassen mit Stroh- und Holzfeuer hat den Regensburgern den Spitznamen „Eisstoßverbrenner" eingetragen. Wenn dann der Eisstoß „geht", tritt nicht selten die Donau aus ihren Ufern – zur Freude der Jugend, aber auch zum großen Leid der Uferanwohner. Im Jahre

1789, als der große Eisstoß auch ein fürchterliches Hochwasser mit sich brachte, rückte man mit allen möglichen Mitteln der Naturgewalt zu Leibe: mit „berührten Bildlein", Reliquien, Lukaszettelchen, Amuletten, Skapulieren und „Hexenrauch".[149] Dem Brückenheiligen Johann von Nepomuk errichtete man in Weichs einen Altar.[150]

49. Osterzeit

Ebenso wie die Dreikönigsspiele wurden auch die Passionsspiele des öfteren untersagt. 1721 und 1735 erscheinen bischöfliche Verbote der Passionsspiele am Karfreitag.[151] 1764 müssen die Pfarrer berichten, ob und wie Passionskomödien und Karfreitagspredigten abgehalten werden. Auch auf die Gebräuche und Sprüche dabei sollten sie achten.[152] Schon 1783 erscheint eine neue Verordnung wegen des „Unfugs und der Ungereimtheiten bei Ölbergandachten mit lebenden singenden Personen und einem hölzernen, dreimal fallenden Christus".[153] Alle theatralischen Darstellungen werden dabei verboten. Von solchen Mysterien teilt Mettenleiter[154] ein Bruchstück mit, das aber lediglich eine szenische Verarbeitung des in vielen geistlichen Liedern besungenen Stoffes der drei Frauen am Grabe darstellt. Durch die vielen Verbote verschwanden schließlich die Spiele ganz, doch gab es nach Hosangs Zeugnis noch zu Anfang des 18. Jahrhunderts „Ölberge mit beweglichen Figuren".[155] Im Anschluß an die Spiele am Karfreitag wurden Prozessionen gehalten, wobei man „Kreuzzieher, Ausgespannte und Geißler" sah.[156] Diese Gestalten verschwanden aber schon zu Ende des 18. Jahrhunderts. Das Osterwasser wurde mit nach Hause genommen; denn es galt als heilbringend und schützend, wogegen sich schon eine bischöfliche Verordnung von 1642 wendete.[157]

50. Himmelfahrt und Pfingsten

Wie allgemein in Altbayern wurde auch in Regensburg am Himmelfahrts- und Pfingsttag eine Christusfigur bzw. eine Taube während des Gottesdienstes in der Kirche emporgezogen. Hosang kannte im Dom noch einen Kasten mit einer Christusfigur, die diesem Zwecke diente. Man hatte sogar eine eigene Maschine für diese Darstellung der Himmelfahrt.[158] Der Mesner Vitztum vom Obermünster hielt sich ein Buch, in welchem er folgendes aufzeichnete: „Im Jahre 1790 durfte Christus, unser Herr, nicht mehr in den Himmel fahren ... es fragt sich dann nur, wie kann man inskünftig wissen, woher die Donnerwetter kommen?"[159]

51. Unwetter und Feuer

Das Volk glaubte nämlich, daß die Unwetter daher kämen, wohin die Christusfigur beim „Einziehen in die Plafondöffnung" ihr Gesicht wendete. Bei aufziehenden Gewittern läutete man mit den Glokken. 1556 erscheint bei Hans Kohl in Regensburg eine „Predigt von dem Läuten gegen das Wetter", worin zu lesen ist: „Das Leuten und Schießen gegen das wetter, item palm und kertzen brennen, oder die 4 Evangelia in die Luft lesen, dergleichen Segnerei treiben und das Sacrament sambt den fannen und creutzen umb den flor füren ... ist ein – bäbstische Greuel."[160] Das Wetterläuten wurde auch schon vor hundert Jahren fast gänzlich abgeschafft. Wie alte Leute sich 1828 bei einer Feuersbrunst verhielten, erzählt uns Hosang in seinen Aufzeichnungen: „Alte Weibspersonen" warfen „Lukaszetterle" und andere geweihte Sachen ins Feuer oder standen dabei, das „Nazarenaskreuz mit der Hand exorzierend".[161]

52. Fronleichnam

Die Fronleichnamsprozession wurde in Regensburg anderen bayrischen Städten gegenüber erst spät eingeführt, nämlich um das Jahr 1408 von einem Kaufherrn.[162] Bei dieser Prozession nahmen vor allem die 23 Zünfte teil, mit den Stadtbauern beginnend und endend mit der vornehmsten Zunft – den Bäckern.[163] Besonders prunkvoll waren die Prozessionen, wenn die Teilnehmer des Reichstages sich an ihr beteiligten. Es wurden auch Bäume aufgestellt, die das Volk „im Augenblick" nach beendigter Feier wegriß.[164] Gewöhnlich schloß sich an die Prozession ein reichliches Essen im Bischofshof, an dem die Personen von Stand teilnahmen. Daß die Schützen das Ehrengeleit stellten, wurde bereits erwähnt. Wie allgemein in Bayern „brannten sie dabei ihre Flinten ab".[165] Nach 1833 wurden bei der Stadtamhofer Fronleichnamsprozession die kleinen, vom Schießhaus entlehnten Kanonen abgefeuert.[166]

53. Sonnwend

Das Sonnwendfeuer wurde „Sommerfeuer" genannt. Der Sprung über das Feuer war auch in Regensburg gebräuchlich.[167] Doch scheint es hier mehr eine Feier der Jugend gewesen zu sein.[168]

54. Erntedank

Zu den „Nationalfesten" der Regensburger gehörte aber die Feier der Weinlese, die alljährlich wie das Herbstschießen begangen wurde. Das Erntefest war meist auf die Kirchen beschränkt, doch sahen wir, daß in der „Teuren Zeit" auch ein großer Festzug stattfand, wobei der erste Erntewagen feierlich eingeholt wurde.

55. Kirchweih und Dult

Größeren Einfluß auf das Leben der Stadt hatten die Kirchweihfeste. Von Kirchweihspielen zur „sand Peters messe" wird uns berichtet, allerdings ohne nähere Angaben.[169] Die Standplätze der Krämer und Tändler wurden 1538 durch eine Kirchweihverordnung festgesetzt. Die Krämerstände waren am „Platz vor dem Marckturm bis an die Haid", „alt Tändelwerk" aber bekam den „Platz an der Pfarr" angewiesen, wo auch die „Kochhütten" standen.[170] Diese Messen oder Jahrmärkte fanden im 18. Jahrhundert dreimal[171] statt: um Erhard im Januar, nach Ostern um Georgi und um St. Emmeram im Herbst.[172] Im 19. Jahrhundert wurden nur mehr zwei solcher Jahrmärkte gehalten, die dann allgemein Dulten genannt wurden. Dabei fand ein Kirchweihgeleit von Burglengenfeld her statt mit „Gefangennahme" eines verkappten Diebes auf der Dult.[173]

Die Dulten standen hauptsächlich auf dem Protzenweiher in Stadtamhof. Um 1780 sah man da nur ein paar Landkrämer, einen Glückshafen und einen Marktschreier, der seine Arzneien ausbot, wobei ihn ein Hanswurst unterstützte. 1832 war die Dult schon recht vielgestaltig. Es gab einen Zirkus mit Kunstreitern, ein Wachsfigurenkabinett, eine Bude mit einem 26 Zentner schweren Ochsen, ein Karussell mit Ringelstechen und einen Seiltänzer.[174] Noch zu Ende des 19. Jahrhunderts hieß die Stadtamhofer Dult „Georgimarkt", heute ist dieser Name ziemlich verschwunden. Die Kirchweih in

dem nahen Kareth erfreute sich bis in die jüngste Zeit herauf einer großen Beliebtheit bei den Regensburgern.
Tierhatzen hielten sich in Stadtamhof bis zum Jahre 1784, wobei es oft recht grausam zuging. In dem ganz aus Holz gebauten „Amphitheater" wurden den Pferden Feuerwerk oder Bleikugeln mit eisernen Stacheln aufgebunden. Die hungrigen Bären aber beunruhigten durch ihr Gebrüll die ganze Umgebung.

56. Umritt

Noch im 19. Jahrhundert kamen die Bauern zur Leonhardskirche geritten und ließen ihre geschmückten Pferde durch die Kirchentüre sehen. Nach der Messe wurde Roß und Reiter geweiht und es folgte ein dreimaliger Umritt.[175] Nach einem Salbuch von 1679 befanden sich in der St. Leonhardskirche:

1 lange Kette mit 37 Gliedern und ein daranhängendes Hufeisen,
1 eiserner Fuß und Handschellen,
1 eiserner Leibgurt,
1 großer eiserner Haken mit 4 Gliedern,
1 Fuß- und Handschelle,
3 Stoßeisen.[176]

Auch dem Pferdepatron St. Georg wurden zwei Kapellen erbaut, die beide an der Donau standen, wo die Pferde die Schiffe vorbeizogen.[177]

57. Weihnachten

Über die Bräuche in der Vorweihnachtszeit wurde schon bei den „Kindern und Schülern" berichtet. Von Weihnachtsspielen hat sich in Regensburg nichts erhalten. Auch das von Mettenleiter[178] angeführte „Bruchstück eines Weihnachts-Krippenspiels" ist bäuerlichen Ursprungs und kommt besonders im Bayrischen Wald öfter vor.[179] Eine Andeutung erhalten wir durch die oberhirtliche Verordnung vom 5. Januar 1789, nach der nur „allgemein das Geheimnis der Geburt" dargestellt werden soll unter Weglassung aller Nebenvorstellungen.[180]
Eine Begebenheit aus der Weihnachtszeit, die Hosang berichtet,[181] möge diesen Streifzug durchs Jahr beschließen: In der Gaststube

eines Wirtes zu Stadtamhof wurde es am Weihnachtsfeiertage sehr warm, weshalb der Wirt fragte, wer denn gar so übermütig eingeheizt habe. Es meldet sich ein Taglöhner, dem der Wirt befahl, den „Mettenstock"[182] wieder aus dem Ofen zu nehmen. Der Taglöhner sagte: „Jetzt muß ich das Mettenfeuer wieder ausmachen, einer von uns beiden wird noch dieses Jahr sterben müssen." Nach einiger Zeit wurde der Wirt krank. Der Taglöhner glaubte sich nun schon in Sicherheit. Aber der Wirt wurde wieder gesund, und der Taglöhner (Kuefberger) starb noch im gleichen Jahr.

Wunder und Geister

58. Himmelszeichen

Die alten Chroniken erzählen von vielen Himmelszeichen, die fast in jedem Jahr einmal die Gemüter beunruhigten. 1456 sah man am Himmel einen „Cometen mit einem Schweiff so lang als ein Wieß-Baum".[183] Solch ein Komet wurde immer als ein schlimmes Vorzeichen angesehen. Das kommt auch in einem Dekret von 1680, „den Cometen und die Polizey betreffend", zum Ausdruck. Darin wird geklagt, daß die polizeilichen Anordnungen viel zu wenig beachtet würden, weshalb „die Pestilentz und ein Comet Gottes Zorn ankünden".[184] Alle werden aufgefordert, Buße zu tun, die Kleiderpracht einzuschränken und Winkeltänze, Maskeraden und Schlittenfahrten zu unterlassen. 1503 sah man Kreuze auf Schleier und Halstücher der Frauen fallen. Man hielt deshalb sogar Prozessionen ab, um die angezeigte Kriegsgefahr fernzuhalten.[185] Besonders häufig wurden während des Dreißigjährigen Krieges solche Himmelszeichen beobachtet. „Anno d. 1627 den 20. Sept. da hat man bey der Nacht zwischen 6 vnd 7 Vhr den Trackhen alhie sehen fliegen dabei in einen Augen Pliz ist es vergangen."[186] Auch diese Erscheinung eines Drachens deutete auf Krieg oder Feuersbrunst. „Anno d. 1633 den 20. März da ist am Himel in der Nacht gesehen worden ein Adler vnd 2 Leben, die haben mit einander gestritten. Lezlich so hat der ander Leb den Adler vberwunden, vnd hat in vndter getruckht."[187] Auch 1503 erschienen Adler und Löwe am Himmel.[188] Aus dem Jahr 1637 wird erzählt, daß im Prüfeninger Wald drei feurige Kugeln vom Himmel fielen. Sechs Männer sagten dies auf dem Rathaus „bey ihren Pflichten" aus.[189] 1643 wiederholte sich dieses Ereignis. Überhaupt könnte man diese Reihe lange fortsetzen, es ändert sich aber nicht viel an den Erscheinungen: Kometen, Adler, Löwen, Kreuze und feurige Kugeln bilden die häufigsten Zeichen.

59. Wunderbare Gewächse

Dies gilt auch von wunderbaren und seltsamen Gewächsen. Das „selbstgewachsene" Brot wird recht oft gefunden und sogar vorgezeigt. So erzählt der Stadthauptmann Schmid aus dem Jahre 1583: „In disem Jhar hatt sich ein wunder ding vnnd seltzam gewäx begeben / Nemlichen nitt weitt von Ampsperg (Abensberg) ein städl Im land zu payrn / hatt ein Hietter so der Aichell schwein gehiett hatt / Im schwarzen hollz bey holltzerlanden [= Holzharlanden] / Hatt er ongefer an zwoen danen Hullzeß selbst gewaxen prott gefunden / welchs Ettlicher so etwa gewest / Nemlichen Am Ersten wie zway khreytzer Laybl an einander darnach zway Cappler aneinander / Item ain Kreutzer weckh / ain pfenig semel vnd ain Haller Weckl(?) / alle der Massen gefurmet wies ain peckh macht so ers pachen will / sollche hab ich alle vnnd vill menschen In henden gehabt / was aber gott mit disem wunder gewöx / wellchs zuuor nit Erhört / vermaint / des waiß allein sein göttliche genaden vnd sunst niemandes."[190] Weniger wunderbar erscheint uns, wenn Raselius von Eicheln berichtet, die Gesichter wie Kriegsleute mit Sturmhauben hatten. Diese wurden 1630 im Kallmünzer und Donaustaufer Forst gefunden.

60. Wahrsager

Die Leichtgläubigkeit der Leute nutzten die Wahrsager aus, die beim Rat der Stadt freilich nicht recht beliebt waren. „Die Rottmeister sollen in allen Heusern fleißig nach zauberern und warsagern ausschauen", heißt es in einem Dekret von 1541.[191] Auch 1704 spricht sich eine oberhirtliche Verordnung gegen „Wahrsagen und Losen besonders an den Hochfesten" aus.[192] Sehr gebräuchlich war das Wahrsagen aus der Hand.

61. Schatzgräber

Die Schatzgräber bedienten sich oft der merkwürdigsten Mittel. „Wiltu aber wissen wo verborgen schatze ligen", sagt das Arzneibuch,[193] „so nimm das Herz des Wiedehopf, zerstoß es zu Pulver, leg es unter dein Haupt, so träumt dir, wo verborgene Schätze liegen." Im schon erwähnten Bauren-Discurs lesen wir: „Die heiligist Schrift und Wort brauchen sie stät Alswei halt d' Schatzgraba im Christoph-Gebet."[194] Also auch mit Hilfe des Teufels suchten sie ihr Ziel zu erreichen; denn das Christoph-Gebet diente ja zur Teufelsbeschwörung.[195] Eine Schatzgräbersage fand sich auch im Nachlaß Schönwerths, den Winkler veröffentlichte. Einem Bauern träumte einmal, er solle auf der Regensburger Brücke sein Glück suchen. Er ging hin und suchte drei Tage lang. Schließlich fragte ihn ein Soldat, was er denn immer auf der Brücke wolle. Der Bauer erzählte ihm seinen Traum. Da meinte der Soldat, ihm habe auch einmal geträumt, er solle beim Bauern – er nannte ihm seinen eigenen Namen – im Garten unter dem Birnbaum nachgraben. Er sei aber nicht hingegangen. Voll Freude ging der Bauer heim und grub unter seinem Birnbaum. Tatsächlich fand er einen Topf voll Geld. Also hatte er doch auf der Regensburger Brücke sein Glück gefunden.[196]

62. Zauberer und Hexen

Nach dem Regensburger Fliegenden Blatt, das ich in der Zeitschrift „Heimat und Volkstum" mitteilte,[197] befand sich der Erzzauberer Dr. Faust auch in Regensburg: „Kegel scheiben auf der Donau, war zu Regenspurg sein gröste Freud, Fischen, Jagen nach Verlangen, war auch sein Ergözlichkeit." Das Volk war für jede Art von Zauber sehr empfänglich. Dekrete der Stadt[198] und des Bischofs[199] richteten sich dagegen. Zu Ende des 16. Jahrhunderts legte man allerdings den Zauberprozessen nicht mehr die Bedeutung zu wie im Mittelalter. So sollte 1594 das „Mausmädchen" hingerichtet werden, da es Mäuse und Ungewitter gemacht haben sollte. Aber es blieb nur beim Prozeß, eine Verurteilung fand nicht statt.[200] Aber noch 1591 wird eine Zauberin aus der Stadt geschafft.[201] Häufiger traten Zauberer und Hexen im 15. Jahrhundert auf. 1450 verjagte man eine Frau wegen Zauberei „mit totenpain und anderen bösen sachen".[202] 1460 wird von einer Frau berichtet, die, um ihres Feindes Leib und Leben zu schädigen, einen Totenkopf „gegilbet" und eingegraben habe.[203] Um 1500 erschien dann auch ein scharfes Mandat, da viel Zauberei mit „parillen, alraunen, eisvogel und ander wege" getrieben wurde.[204]

63. Amulette

Plato-Wild kennt zwei Regensburger „alchymistische Münzen" mit je einem Abakus.[205] Die eine Münze[206] zeigt die Göttin Venus. Auf der Rückseite lesen wir die Zahlen:

22	47	16	41	10	35	4
5	23	48	17	42	11	29
30	6	24	49	18	36	12
13	31	7	25	43	19	37
38	14	32	1	26	44	20
21	29	8	33	2	27	45
46	15	40	9	34	3	28

Die zweite Münze[207] zeigt Jupiter und die Formel:

16	3	2	13
5	10	11	8
9	6	7	12
4	15	14	1

64. Teufel

Den Teufel kennen wir schon als Helfer des Brückenbaumeisters und der Schatzgräber. Auch von einem Rittmeister wird erzählt (1644), der sich in seinem Quartier dem Teufel ergeben hatte. Als seine Zeit um war, verschenkte der Soldat alle seine Güter an seine Kameraden. Kurz darauf erhob sich ein schrecklicher Wind, sein Kopf wurde von unsichtbarer Hand abgerissen und fiel mit großem Gepolter unter den Tisch.[208] Ein bischöflicher Sekretär wurde 1646 erstochen. Nach seinem Tode erschien der Sekretär in Gestalt eines feurigen Teufels und erschreckte seine eigenen Kinder, so daß niemand mehr in dem Hause bleiben wollte. Auch geistliche Beschwörung konnte diesem Übel nicht abhelfen.[209] Im 17. Jahrhundert herrschte auch der Glaube, daß der Teufel die Seele eines Geköpften sofort nach der Hinrichtung in Beschlag nehme. Eine Mörderin wollte sich deshalb selber entleiben, um damit dem Henker und dem Teufel zu entgehen.[210]

65. Geister

Die Geister Verstorbener erschienen häufig den Menschen, besonders wenn sie sich im Leben mit Schuld beladen hatten wie die Brauer und Wirte von Stockenfels. Auch der Pfleger von Stadtamhof, Marx von Eisen, hatte durch Grausamkeit den Haß des Volkes auf sich geladen. Als er 1619 starb, sprach man davon, „wie er greulich poldere vnd zu nacht vmbgeh, auch wol bey tag etlichen erscheinen soll: also dz die Parfüeser, denen er wegen des begrebnus 500 fl. vermacht, wol noch souil darumb geben wolten, dz er nur auß ihre Kirchen vnd Kloster khäme."[211] 1650 starb ein Augustinermönch, der lange Zeit ein Soldat gewesen war. Auch er ging um und rumorte, von einem schrecklichen Sturmwind begleitet, so daß die Mönche ihn ausgruben und seine Seele dem Teufel übergaben.[212] 1659 erschien im Saliterhof ein Gespenst, das man den „Poltergeist" nannte, da es mit allen möglichen Gegenständen nach den Leuten warf.[213] Die merkwürdigste Erscheinung war aber wohl die Lies Herrel.[214] Die Lies war ein unsichtbares Gespenst, das aber auf viele Fragen verständige und kluge Antworten gab und Weissagungen machte, anderseits aber auch oft groben Unfug trieb. So goß es den Leuten die Milch aus, stellte die Küchel aufs Dach und warf die auf die Nase, die nicht an sein Dasein glaubten. Als jemand das Gespenst fragte, wer es sei, antwortete es: „Ich bin der Bote eines Engels." Weit gefährlicher war die Dicke Agnes, die 1510 umging und die Menschen zur Schlechtigkeit verführte. Erst war sie nur daumenlang; je größer aber die Schuld des dem Verbrechen Verfallenen wurde, desto größer und dicker wurde auch sie.[215]

66. Tiere

Von geisterhaften Tieren waren besonders die zwei redenden Nachtigallen im Gasthof zur „Goldenen Krone" bekannt. (1545 oder 46.) Einer, der nicht schlafen konnte, hörte sie in der Nacht, wie sie sich zuerst Geschichten erzählten, dann aber über zukünftige Kriege sprachen.[216] Auch ein redendes Hündlein gab es. Es gehörte einer Frau, die es so gern hatte, daß sie es sogar mit in die Kirche nahm. Als sie einmal beichtete, wurde ihr als Buße aufgegeben, das Hündlein töten zu lassen. Voll Trauer sagte sie zu dem Hündlein: „Ich verliere dich ungern!" Das Hündlein antwortete darauf: „Ich verliere dich auch ungern!"[217] Viele Mäuse gab es 1647. Sie zeigten die bevorstehende Verwüstung des Landes durch die Schweden an,[218] ähnlich wie viele sterbende Vögel als Vorzeichen der Pest galten.

67. Gewässer

Donau und Dombrunnen galten als heilende Gewässer, erstere beherbergte allerdings auch viele böse Geister. Sehr geschätzt war auch „ein sehr schönes, liechtes und auch zu Zeiten denen Krancken, so andächtig davon trincken, heylsames Wasser-Quell, welches man St. Veitsbrunn nennet".[219]

68. Mönche

Es ist klar, daß die Stadt Regensburg, in deren Mauern so viele Klöster liegen, eine Fülle von Mönchslegenden besitzt, die sich auf die Klosterkirchen beziehen. Hier sollen nur zwei angeführt werden, die sich bis in unsere Zeit lebendig erhalten haben. In der Emmeramskirche sieht man hoch droben an einem Kirchenfenster einen Mönch mit einem Rosenkranz. Von ihm wird erzählt, daß er jahrelang die Blasbälge der Orgel gezogen habe. Dabei konnte er aber ruhig aussetzen, wenn er beten wollte. Dann wurden nämlich die Bälge von unsichtbarer Hand gezogen.[220] Von einem Mönch in der Jakobskirche, dessen Bild in Stein im Innern neben dem Portal noch zu sehen ist, gibt es zwei grundverschiedene Sagen. Die eine sieht den Mönch als treuen Pförtner, dessen einziger Wunsch war, in der Ausübung seines ihm liebgewordenen Amtes einmal sterben zu dürfen. Und wirklich traf ihn eines Tages der Schlag, als er eben den Riegel vorschieben wollte.[220] Eine andere Sage aber berichtet von ihm als einem ungetreuen Mönch, der aus dem Kloster entweichen wollte. Er verwickelte sich aber in die Riemen des großen Schlüsselbundes, fiel zu Boden und brach ein Bein. Er bekam den Brand am Fuß und starb bald darauf.[221]

69. Kreuze

Auch vom Ursprung fast einer jeden Regensburger Kirche wird in Legenden berichtet. Es würde weit über den Rahmen dieser Schrift gehen, alle diese Geschichten hier zu erzählen. Einer Merkwürdigkeit muß aber doch gedacht werden. Regensburg besitzt eine Anzahl wunderbarer Kruzifixe in den verschiedensten Kirchen. So wurde von dem Kreuz auf dem Altar Benedikts in der Emmeramskirche erzählt, daß es einen erblindeten Abt sehend machte. Die Christusfigur löste ihre Arme vom Kreuz, ergriff zwei brennende Kerzen und hielt sie dem Abt vor die Augen.[222] Das Kreuz von dem Altar des Bischofs Wolfgang in der gleichen Kirche blieb in keinem „lutherischen Haus".[223] In Niedermünster kannte man einen Gekreuzigten, der zu den Menschen sprach und Tränen vergoß.[224] Als im Jahr 1257 ein Priester im St. Salvatoris Gotteshaus das hl. Meßopfer darbrachte, kam ihm ein Zweifel, ob das Blut Christi auch wirklich im hl. Kelch zugegen sei. Als der Priester den Kelch hob, da „lösete die Bildnuß deß an dem Creutz hangenden Erlösers den rechten Arm von ersagten Creutz ab und nahme den Kelch aus dessen Händen in so lang hinweg, bis selber seinen Irrthum und Unglauben erkennet".[225]

70. Die hl. Kümmernis

Zu den merkwürdigsten Erscheinungen des Volksglaubens gehört die weitverbreitete Verehrung der sogenannten hl. Kümmernis. Auch im Regensburger Dom war ein Bild der hl. Kümmernis.[226] Zu Hosangs Zeiten, also zu Anfang des 19. Jahrhunderts, war dieser Glaube in Regensburg noch lebendig, er kennt noch die Legende, die ich nach seinen Aufzeichnungen berichte:[227]

Ein heidnischer Fürst wollte seine Tochter verehelichen. Aber sie hing dem Christentum an und wollte keinen Nichtchristen heiraten. Deshalb bat sie Gott, er solle ihr schönes Gesicht durch einen Bart entstellen, welcher Wunsch ihr auch erfüllt wurde. Ihr Vater aber ließ sie kreuzigen. Eine zweite Legende kennt Hosang: Ein Geiger spielte vor einem Bild der Kümmernis. Sie ließ zum Dank einen goldenen Pantoffel fallen. Als der Musikant diesen verkaufen wollte, wurde er ergriffen und wegen Diebstahls verurteilt. Auf seine Bitte durfte er noch einmal vor dem Bild geigen. Da ließ die heilige Kümmernis auch noch den zweiten Pantoffel fallen und bezeugte so die Unschuld des Musikanten.

Diese Erzählungen sind heute in Regensburg im allgemeinen vergessen. Auch der Name ist kaum mehr bekannt. 1835 bei der Domreinigung wurden 4 Altäre abgetragen, einer davon soll die Geschichte der heiligen Kümmernis im Bild gezeigt haben.[228] Das Dominikanerkloster zum hl. Kreuz besitzt noch ein Ölgemälde, die hl. Kümmernis darstellend. Zu ihren Füßen sieht man auch den Geiger.[229] Auch in der Alten Kapelle soll es einen Gekreuzigten gegeben haben, dem der Bart gewachsen sei.[230]

71. Wallfahrten

Ein Wallfahrersturm begann zu Regensburg im Jahre 1519, als an Stelle der zerstörten Synagoge eine Kirche zu Ehren der „Schönen Maria" errichtet wurde. Ein angebliches Wunder beim Abbruch der Synagoge beschwor eine Raserei herauf, die alle bisherigen Wallfahrten in den Schatten stellte. Aber ebenso schnell verschwand die Wallfahrt wieder, was bei den furchtbaren Übertreibungen auch nicht zu verwundern ist. So wurden während dreier Jahre 52 412 „Zeichen für die Kirchfertter" ausgegeben.[231] Diese Zeichen sind trotzdem heute sehr selten geworden. Aber noch 200 Jahre später (1719) wurde mit einem einzigen solchen Zeichen ein großer Kult getrieben. Bei Abbruch des Gotteshauses zu Haindling wurde eine Regensburger Wallfahrermünze gefunden. Man ließ sie abgießen und unter die dortigen Wallfahrer verteilen. Die neuen Zeichen wurden „hochgeweyht wider das wilde Feuer und Hochgewitter, wider Hexereyen und Zaubereyen, wider die Pestilenzischen Seuchen und Viehfall; dann auch wider die heimlichen Nachstellungen der sowohl sichtbaren als unsichtbaren Feinde".[232] Man braucht nur die Lieder aus dieser Zeit nachzulesen,[233] dann versteht man, daß die Erinnerung daran wohl 200 Jahre überdauern konnte. „Die plind, lamen und die krummen" versuchten ihr Glück bei dieser Wallfahrt.[234] In einer handschriftlichen Chronik[235] lesen wir: „Am St. Georgen abend über 50 000 Kirchfahrter allhier gewest, da Manche Prozeßion auf 20 Meil in ihrer Ordnung aus und ein gangen."
„Wann aines lauffen recht ankem / Was in Händen hat mit sich nem

/ Alls Rechen, Schaufflen auff der Fahrt / Gehn Regenspurg getragen wart."[236] Auf Ostendorfers Holzschnitt sehen wir die verschiedensten Opfergaben an der Kapelle zur „Schönen Maria": Küchen- und Ackergeräte, Stiefel, Hüte, Körbe usw.[237]

Bis heute hat sich erhalten die Kapelle zur „Maria von der Läng" in der Nähe des Domes, wohin man ging, wenn etwas Langes kurz oder etwas Kurzes lang werden sollte.[238] „Unsere liebe Frau im Glaß" in der Emmeramskirche wurde von den Frauen „in Anliegen ihrer Brüste" aufgesucht.[239] Sehr beliebt war die Wallfahrt nach dem nahen Mariaort,[240] von dem ich ein in Regensburg gedrucktes Wallfahrerlied mitteilen kann:

„Ein schönes
Geistliches Lied
Zu den wunderthätigen
Gnaden-Bild
Maria-Orth
Nächst
Regenspurg.

Wer im Meer der Trübsal sitzet,
Und vor Quaal und Aengsten schwitzet,
Komm her auf Maria-Orth,
Hier Maria ist der Port;
Wird gewißlich Hülf empfinden,
Und in aller Wahrheit finden,
Daß sie sey die Helfferin,
Die all Unheil nimmet hin.

Wann schon mit Verfolgungs-Pfeilen,
Deine Feind auf dich zu eylen,
Lauffe g'schwind zu diesen Bild,
Vor die Feind ist es ein Schild,
Sie werden g'wiß nichts ausrichten,
All ihr Anschläg wirds zernichten,
Weil sie ist die Helfferin,
All Verfolgung nimmt sie hin.

Wann du schon bist gantz erarmet,
Und sich niemand dein erbarmet,
Wann du bist in größter Noth,
Wird sie seyn das Schiff mit Brod,

Sie wird dir g'wiß schaffen Mittel,
Dann umsonst tragt's nicht den Titel,
Daß sie sei die Helfferin,
So die Armuth nimmet hin.

Wann du kranck und voller Schmertzen,
Nach Hülf seufzen thust von Hertzen,
Wirst noch Hoffnung finden hier,
Wann der Tod schon vor der Thür,
Sie dich selben noch entreißet,
Dann Maria von hier heißet,
In der Noth die Helfferin,
So all Kranckheit nimmet hin.

Wann dich schon das G'wissen plaget,
Und ein scharfes G'richt vorsaget,
Komm hieher zum Gnaden-Thron,
Sie nimmt sich der Sünder an;
Sie wird dich noch gewiß erbetten,
Vor das Höllen-Peyn erretten,
Dann sie ist die Helfferin,
Gottes Zorn nimmt sie hin.

Willst du haben sichre Zeichen,
Daß Maria hier thut reichen,
Ihre Gnaden jederman,
Schaue nur die Mauren an,
Wie viel Tafel herumhangen,
Die Altär mit Opfer prangen,
Sie ist halt die Helfferin,
Nimmt all Creutz und Leyden hin.

Es wird wachsen dein Vertrauen,
Wann das Bild wirst recht anschauen,
Dann sie allen Hoffnung macht,
Weil es jederman anlacht,
Gleich als wolt sie lachend sagen,
O mein Kind thu nicht verzagen,
Ich wär ja kein Helfferin,
Wann du leer solst gehen hin.

> Ey dann schönes Bild der Gnaden,
> Behüt uns vor allen Schaden,
> Und mit deiner Wunders-Krafft,
> Beschütz die gantze Nachbarschafft,
> Alles Unglück von uns treibe,
> Und hinfüran allzeit bleibe,
> In der Noth die Hellferin,
> Die all's Unglück nimmet hin."

Schuld und Sühne

72. Rechtsdenkmäler

> „Ein jeder Rathsherr, der da gaht,
> Von seines Ampts wegen in den Rath,
> Soll seyn ohn alle böse Affect,
> Dardurch sein Hertz nit werd bewegt,
> Als Freundschafft, Zorn und Heuchlerey,
> Neyd, Gunst, Gewalt und Tyranney,
> Uns seyn durchaus ein gleiche Person,
> Dem armen und dem reichen Mann,
> Durch Sorgen für die gantze Gemeyn
> Derselben Nutz betrachten rein.
> Dann, wie er richten wird auff Erden,
> So wird ihn Gott auch richten werden
> Am Jüngsten Tag nach seinem Rath,
> Den ewig er beschlossen hat."[241]

So stand im Regensburger Rathaus zu lesen, eine feine Aufforderung für den Rat der Stadt, gerecht zu sein. Die Strafen der „guten, alten Zeit" waren aber doch recht grausam. Dies wird uns klar, wenn wir in der Folterkammer, die noch an ihrem alten Platz steht, den „Gespickten Hasen" oder den „Spanischen Esel" betrachten. Auch im „Narrenhäusl" zu sitzen und dem Gespött der Menge ausgesetzt zu sein, war sicher kein Vergnügen. 1810 hängte dieser eiserne Käfig,[242] den man zuletzt als Unterkunft für nächtliche Ruhestörer benützte, noch am Rathaus. Auf der Steinernen Brücke stand der „Schuldturm", in den der gesteckt wurde, der seine Schulden nicht mehr bezahlen konnte. Die Vorübergehenden konnten solch einem

Unglücklichen, indem sie ihm ein Scherflein in den Turm warfen, seine Strafe abkürzen. Auf dem Galgenberg stand ehedem der Galgen, wie uns ein Gedicht von 1829 erzählt:

„Da wo ehvor der Rabe saß
und satt am Menschenfleisch sich fraß,
da heißt es nun: O je, o jeh!
beim Gastwirt zur Napoleonshöh."[243]

Für alle, die mit Maßen zu tun hatten, waren an der Südostecke des Reichssaales Eisenstäbe angebracht, die „der stat schuch, öln und klaffter" zeigten.[244]

Zu den Rechtsdenkmälern gehört wohl auch das Gemälde von Goliath und David. Ob es den Sieg des neuen Glaubens gegen den alten darstellt, oder auf eine Streitigkeit zwischen zwei mächtigen Geschlechtern anspielt, brauchen wir hier nicht zu entscheiden: jedenfalls war es für den Besitzer des Goliathhauses ein Symbol eines siegreichen Kampfes.

Recht geheimnisvoll ist auch das Steinbild an einem Haus in der Glockengasse. Es stellt einen Kopf dar, der von einer Hand beim Schopf gehalten wird. Es gibt 4 Deutungen für dieses Bild, die zeigen, wie ernsthaft man sich in Regensburg allzeit auch mit den bescheidensten Dingen auseinandersetzte. Daß in diesem Haus einmal eine Freiung gewesen sei, klingt freilich sehr unwahrscheinlich. Auch daß es das Haupt des in Regensburg hingerichteten Generals Schaffgotsch darstellen könnte, ist recht ungewiß.[245] Der Wahrheit am nächsten kommt vielleicht die überlieferte Sage, die erzählt, daß ein zum Tod Verurteilter nach seiner Begnadigung dies Bild an sein Haus anbringen ließ[246]; denn auch die letzte Deutung, die darin das Haupt des Johannes sehen will, ist nicht stichhaltig. Man sollte überhaupt mit solchen Deutungen sehr vorsichtig sein. So glaubte man, daß die Figur des Brunnens am Fischmarkt einen „Roland" darstelle. Mittlerweile stellte sich aber durch die Aussage eines alten Fischhändlers heraus, daß der vermeintliche Roland wohl eher ein Fischerknecht ist. Er hatte nämlich nie einen Speer in der Hand, sondern nur – „a Barb'n".[247]

73. Scharfrichter

Von der „Kunstfertigkeit" Regensburger Henker erzählt man sich folgende Sage: Die Stadt hatte einmal drei Verbrecher hinzurichten. Das Amt des Scharfrichters war aber unbesetzt. Da schrieb man es zur Bewerbung aus, und drei Scharfrichter meldeten sich. Jeder sollte sein Meisterstück an einem der Verbrecher zeigen. Der erste zeichnete mit einem Rötel einen Kreis um den Hals des armen Sünders und schlug ihm genau auf diesem Ring den Hals ab. Der zweite band seinem Opfer zwei Fäden um den Hals, ganz nahe beieinander, und schlug haarscharf mitten durch.

> „Als das Gerüst der Dritte besteigt,
> ein Zweifel durch alle Lippen schleicht:
> Wie soll denn dem der Sieg verbleiben,
> Nicht höher kann die Kunst er treiben.
> Ihm aber schien es ganz gewiß,
> Daß keiner ihm den Sieg entriß,
> Den Blick hat er empor gewandt,
> Und mit dem Schwert spielt die Hand,
> Die zwei Gesellen eilen bei,
> Zeigen ihm Kunstgriff mancherlei,
> Und suchen ihm mit falschen Tücken
> Den ruh'gen Sinn wohl zu berücken,
> Doch er schwingt rasch sein treues Schwert,
> Das wie ein Blitz die Luft durchfährt,
> Ab haute er mit einem Streich
> Die Köpfe allen drei'n zugleich."[248]

So hatte der dritte mit einem Schlag seine beiden Gegner beseitigt und sich somit als der „Tüchtigste" erwiesen.

74. Schand und Spott

Beim Volke waren die Scharfrichter nicht beliebt, und in einer Chronik lesen wir, daß die empörte Menge einen Henker durch die ganze Stadt verfolgte, weil er beim ersten Schlag den Kopf des armen Sünders verfehlte. Auflehnungen gegen die Obrigkeit waren in Regensburg nicht selten. 1632 sang man gar Spottlieder auf den Rat der Stadt.[249] Natürlich waren Gehässigkeiten in der Zeit der Glaubenskämpfe nicht selten. So warfen die „Päpstischen" den „Lutherischen" einen verendeten Hasen vor die Kirchentür, weil diese den Fasttag nicht gehalten hätten. 1446 wird eine Bürgerin aus der Stadt gewiesen, da sie „etlichen erbern burgern und burgerin scheltbrief unverschulter ding an ir hausung geslagen lassen hat".[250] Noch im 18. Jahrhundert beschimpfte man die „unverheiratete Kindbringerinnen" durch „Strohkranz und Ausläuten".[251] Ein recht böses Spottlied auf die Regensburger Mädchen steht in Forsters „Teutschen Liedlein".

„Zv Regenspurg hat es sich verkert
Ey nitte verstan!
die meydlein haben spanisch glert
ist wol gethan, ey nitte verstan!
gebt mir ein kron
sunst last mich gon
mein mütterlein wurt mich schelten!

Ach junckfraw wolt jr mit mir gan
Ey nitte verstan!
do dann die roten rößlein stan?
ist wol gethan, ey nitte verstan!
gib euch ein kron
thut mit mir gon
ewer mütterlein wirt nicht schelten."[252]

Als Schand- und Spottlied großen Stiles benutzte im Jahre 1490 der spätere Kaiser Maximilian das Lied vom „Judasaustreiben". Er ließ es von seinen Trompetern auf einem Donauschiff vor Regensburg blasen, um die Stadt an ihren Treuebruch dem Kaiser gegenüber zu erinnern.[253]

„O du armer Judas, was hastu gethan,
Daß du deinen Herren also verrathen hast!
Darumb mustu leiden in der helle pein,
Lucifers geselle mustu ewig sein.
Kyrie eleison."[254]

75. Juden

Die Juden erfreuten sich in Regensburg nie großer Beliebtheit; denn „groß übel auch oft stiften die Juden also plind, mit stelen und vergiften auch mörden cristen künd".[255] Die judenfeindliche Stimmung führte 1519 zur Ausschaffung der Juden. In der Folgezeit gelang es ihnen freilich wieder in die Stadt zu kommen, wenn auch der Mautzoll, den sie dabei erlegen mußten, gerade so viel wie für ein Schwein ausmachte.[256] Zeitweise durften sie ihre Toten nicht in der Nähe der Stadt begraben, sie mußten ins Pappenheimische gebracht werden.[257] Überhaupt suchten sich die Regensburger besonders bei Festlichkeiten die Juden fernzuhalten. Bis zum Ende des 18. Jahrhunderts wurde am Karfreitag das Judenviertel abgesperrt, damit die Prozession nicht gestört wurde.[258] Um sich von den Regensburgern zu unterscheiden, mußten die Juden an ihren Kleidern „gelbe scheublein" tragen.[259] Es war ihnen auch verboten, Christinnen als Mägde zu dingen.[260] Selbstverständlich war ihnen der Zutritt zu den Bürgerversammlungen und die Aufnahme in die Zünfte versagt.[261] Traf man beim Fasenachtstreiben einen Juden auf der Straße, so wurde er auf eine Ochsenhaut geworfen und „geprellt". Aber bald kaufte sich die gesamte Judenschaft mit Geld davon los.[262] Trotz alledem aber waren die Juden nicht mehr aus der Stadt zu bringen, so daß man von Regensburg sagte, daß, „wer über diese[263] Bruck gangen und ihme allda kein Jud begegnet oder in der Stadt kein Glocken leuten gehört, der Regensburg nie gesehen habe".[264]

76. Gauner

Vielleicht war daran auch die manchmal etwas zu milde Gerichtsbarkeit späterer Jahre schuld, daß sich die Juden hier so wohlfühlten. Sagte doch ein Sprichwort: „Willst du stehln und nit hanga, so geh no auf Regensburg und laß di fanga."[265] Überhaupt fand sich hier oft viel Gesindel zusammen. Hosang kennt im Gasthof zum „Goldenen Adler" noch ein Blindfenster, worauf der Räuber Käsebier gemalt war.[266] Vielleicht benützte der Wirt den Umstand, daß ein Räuber sein Gast gewesen war, als Reklame. 1832 wurden der Lexengangerl und der Spitzer wegen Wilddieberei an den Pranger gestellt. Den Spitzer schüttelte dabei der Fieberfrost so stark, daß die ganze „Bühne" wackelte.[267] Ob folgendes Mittel aus dem Arzneibuch wirklich probat war?

„Auß dem gefengnis zu kommen. Einem Raben ein Ey auß seinem nest genomen / hart gesoten u. wieder hineingelegt/so holt der Rab ein stein / den nim u. laß dirn in ein Ring einfaßen u. ein lorberblat darüber gelegt. Waß du mitt an Rihrest / daß springt auff u. endzwey."

Dem nächsten Mittel, das zu einem Pferde verhelfen sollte, glauben wir schon eher:
„Wann einer ein pfert gerne hätte / solcheß aber nicht feil. Wie solcheß zu bekomen leichtlich ist. Nim einen Pleischrot / heng in an ein Pfert Har u. steck solches in die ohren / so thut daz pfert nerisch. Wan aber der schrot wieder herauß gezogen wirt, schat im solcheß nichts. Man muß dz Har aber an ein ander pfert har binden, dz solcheß nicht verlohren wirt. prob."
Aber auch gegen die Diebe gab es Mittel:
„So dir Etwz gestolen wird. Ein Nehnadel womit ein Toter ein genet worden / lege sie die nacht vnder dich / so siehestu wo es ligt."
„Item Sonenwibel kraut vnder daß Haupt gelegt / so muß man dir es wieder bringen."
„Den Dieb zu sehen. Wegwartwurtz vnder dein Haupt gelegt."
Ein Sammelplatz für Gauner waren früher auch die Jahrmärkte, wo besonders die Marktschreier mit ihren Arzneien zu den übelsten Betrügern gehörten. Aber auch die Jahrmarktskrämer waren zu fürchten. Hosang sagte zu einem solchen: „Dies Zeug möchte ich nicht um 20 Kreuzer." Da riß es der Verkäufer schon heraus und gab es ihm, „als wenn sie solchen Preis ausgehandelt hätten."[268]

77. Bürgerschwur

Die echten Regensburger aber führten ein „unärgerliches Leben", zu dem sie alle Jahre ermahnt wurden. „Die gesamte Bürgerschaft schwört jährlich am dritten Pfingstfeiertage unter dem Vorsitze der Wachtherren und der Assistenz von 5 Vierzigern aus jeder Wacht. Vorher werden den Bürgern ihre Privilegien und Pflichten vorgelesen. Diese Feierlichkeit wird das Wachtgeding genannt."[269] Dieser Brauch war seit 1500 eingeführt.[270] Älter ist das „offen purgting", zu dem jeder Vollbürger zugelassen war.[271] Hier schwuren die Regensburger alle Jahre dem neugewählten Bürgermeister Treue und Gehorsam.[272] Es ist kein Zweifel, daß solche Zusammenkünfte das Gemeinschaftsgefühl der Regensburger stärkten und ihnen Kraft verliehen für böse Zeiten.

78. Das Dollingerlied

Solch eine Notzeit war es, als der Ritter Krako die Stadt bedrängte. Der tapfere Dollinger aber, der unsterbliche Held der Regensburger, setzte seine ganze Kraft ein und rettete so die Ehre der Stadt R e g e n s b u r g.[273]

„Der alt Gesang von dem Hans Dollinger, wie er Anno 930 einen Heiden in einem Kampf zu Regenspurg überwunden.

Es schickt der Hunnen König aus
ein starcken Mann
der gantz höflich stechen kan.

Er ritt dem Kayser vor sein Thür,
ist keiner hie, der sticht mit mir
umb Leib und Leben um Guth und Ehr,
daß auch dem Teufel sein Seel von wär.

Der Kayßer sprach gantz zorniglich,
wie steht mein Hof so ärmelich(?),
hab ich den keinen Mann,
den Heiden will ich selbst bestan.

Alßbald Hanß Dollinger das erhöhret,
steht auf ihr Herrn last mich ohngefehrt,
last mich hinführ
der Teufel stehet vor der Thür.

Hanß Dollinger wilt du mir bestahn,
hab ich erstochen 40 Mann,
Hanß Dollinger du must auch daran.

Hast du erstochen 40 Mann,
mercks eben ich will dich bestahn,
hat es anders Füeg,
ich geb dir Hauens und Stechens genueg.

Hanß Dollinger zu seinem Schiltknecht sprach,
reich mir mein Stiefel, reich mir mein Sporn,
sattel unser Pferd,
den Heiden stech ich zur Erd.

Das andermahl rittens wieder zusammen,
sie stachen, daß beeder Spieß zersprangen,
die Not war groß,
dem Heýden schier das Stechen verdroß.

Das ersach der Kayßer und sein Frau,
baldt ließ er bringen ein güldenes Creutz,
solches steckt er mitten auf den Plan,
der Teufel der must weichen.

Zum dritten rittens wieder daran,
Dollinger stach dem Heiden beym Ohren an,
der Hayd der laidt,
Hanß Dollinger gewann den Streit.

Darumb solt mir kein Mann
zu Morgens frühe aufstan,
sollt Gott seinem Herren rufen an,
wie Hanß Dollinger hat gethan,
der Teufel ihm nicht mag wiederstahn."

Herkunftsangaben und Anmerkungen des Verfassers

1 „Wenn ein Brüderchen oder Schwesterchen geboren wird und die Kinder fragen, woher es gekommen sei, so sagt man ihnen: Aus dem Brunnen, da hole oder schöpfe man sie heraus. Fischart im ‚Gargantua' führt das schon an. Gewöhnlich ist aber an dem Ort ein gewisser Brunnen, auf den man verweist, und wenn sie hineingucken, sehen sie ihre eigenen Köpfe unten im Wasser und glauben desto mehr daran." Wilhelm Grimm, Kleinere Schriften I, 399.
2 Plato, Nr. 205–221.
3 Fink, 85.
4 MS R 78/1.
5 MS R 502.
6 Kayser, 82 ff.
7 Hosang V, 23.
8 Hartmann, Fastnachtsspiele.
9 Schmeller II, 204: „Mein Weib aber, die heißt Siemann (Hans Sachs)." Hier also die Bedeutung, daß „sie" der „Mann" sei. In der Oberpfalz: Der Simandl und die Simandlin (Winkler, 179).
10 Hochzeitsordnung 1605.
11 Die Hochzeitsordnung schlägt dazu die Stadtpfeifer vor.
12 1796 beklagt sich die Stadtgarnison über die ungerechte Verteilung der Torsperrgelder, die der Hauptwache von Hochzeitsleuten zuflossen (Freytag-Hosang I, 34).
13 Freytag-Hosang II, 65.
14 Decrete, 460 ff.
15 Vgl. Oberpfalz XXXIII (1939), 113. Bericht über zwei Hochzeitsgäste, die ohne Mäntel getanzt hatten, aber mit einer Verwarnung wieder freigelassen wurden.
16 Der Stadt Regenspurg Kind-Tauff-, Hochzeit- und Leichenordnung 1712.
17 Regensburger Chronik von Elsberger (MS R, 14), 240.
18 Paricius I, 233.
19 Aus „Briefe eines in Deutschland reisenden Deutschen" von K. J. Weber.
20 Vierling, Häuserinschriften in der Oberpfalz (Oberpfalz IV, 13).
21 Kunstdenkmäler III, 205.
22 Schöppler, 72 f.
23 Schöppler, 79.
24 Herbeck, Die Pest zu Regensburg im Jahre 1713 (Oberpfalz I, 169).
25 Nachricht über die Pest in Regensburg 1713 (MS R 116).
26 Neumann, Blatt 74.
27 Jacob Christian Schäffers neue Versuche und Muster, das Pflanzenreich zum Papiermachen … zu gebrauchen (Regensburg 1766. Seite 4).
28 Heute meist „Dreifaltigkeitsberg" genannt (Hosang V, 22).

29   Wahre Nachricht der Wunderbarlichen Ankunft des stainernen Bilds Unser Lieben Frauen zu Orth (Altes Flugblatt).
30   Hosang III, 202. Eine solche Lichtsäule steht noch im Domfriedhof (Kunstdenkmäler I, 220).
31   Böhme S. 758, Nr. 650.
32   Freytag-Hosang I, 82.
33   Stand noch 1830 (Freytag-Hosang I, 37).
34   Die Frau starb auf einer Spazierfahrt nach den Weinbergen nächst Donaustauf.
35   Freytag, Eine Regensburger Haushaltsrechnung vom Jahre 1815 (Oberpfalz XIII, 85).
36   Sepp, Völkerbrauch bei Hochzeit, Geburt und Tod (München 1891), 163.
37   Hosang II, 44.
38   Mettenleiter, Regensburg, 210.
39   Mettenleiter, Regensburg, 214.
40   Alte Glaubwirdige Geschichten (MS R 13), 164.
41   Fink, 89. Grimm, Kleinere Schriften I, 391: „An einigen Orten (Haltaus führt namentlich Regensburg an) wählten sonst die Kinder an dem Kindertag einen Bischof aus ihrer Mitte, welcher der Kinderbischof oder Schulbischof genannt und mit Gepränge in der Stadt herumgeführt wurde; also wie bei dem Gregoriusfest."
42   Gemeiner II, 102.
43   Kayser, 89.
44   lat. virgo = Rute, Zweig.
45   lat. vacatio, also Ferien, Vakanz.
46   VO 53. Bd., S. 16. Liegt hier nicht der Gedanke nahe, daß sich die Kinder ursprünglich mit Ruten schlugen? (Fruchtbarkeitszauber!)
47   Freytag-Hosang II, 65: „Der Kinder Virgatum mit Musik, Tanz und Fahnenschwingen."
48   „Weil Jeda wie auf'n Gregori herreit't." (Hartmann, Volkslieder II, 238.)
49   Gumpelzhaimer II, 627, auch Fink, 89.
50   Freytag-Hosang II, 65.
51   Freytag-Hosang I, 32.
52   Freytag-Hosang II, 65.
53   Wilhelm Grimm kennt die Ausdrücke „pflinzern, plätschern, schiffeln, stelzeln" dafür.
54   Vgl. dazu die 5. Strophe des Liedes „Als wir jüngst in Regensburg waren": „Als sie auf die Mitt' gekommen, kam ein großer Nix geschwommen, nahm das Fräulein Kunigund, fuhr mit ihr in des Strudels Grund."
55   Vgl. Erk III, Nr. 1895.
56   Seltener: „Guggu-bärn".
57   Bame = baumen = sich sicher stellen (Schmeller I, 239).
58   Kleinere Schriften I.
59   mhd. letist = spätester; engl. last.
60   Zeile 5–8 nach Oberpfalz I, 128.
61   Frühere Lokalbahn zur Walhalla. Jetzt der Reichsbahn angeschlossen.
62   Karlinger, 187.
63   Zils, 131.

64 Von der Lederergasse nach Süden führend.
65 Rückenkorb.
66 Neumann, Blatt 131.
67 Auch Mauerln oder Kracherln genannt.
68 RU, S. 716.
69 Nach Freytag-Hosang II erst um 1800 abgeschafft: „Das Schnellen der Bäcker wegen ungewichtigen und schlechten Brotes."
70 Bairische Chronik (Jena 1926), S. 136. Vgl. auch Hans Sachs: „Welcher Beck zu klei büch sein brodt, der wurd gestrafft solcher maß: Ein schnelgalgn man auffrichten was in einer stincketn großen hül. ..." (Von dreyerley straff', Bibl. d. lit. Ver. in Stuttgart, Bd. 181, Tübingen 1888, S. 420.)
71 BHV 1916, S. 253, Anm. 78.
72 Freytag, Ein altes Regensburger Stammbuch (Oberpfalz XIII, S. 20).
73 Darüber gibt es eine „Ausführliche Beschreibung des am 23. Juli 1817 veranstalteten Erndefestes der unteren Stadt, nebst der Rede, welche von Titl. Herrn Pfarrer Hartner in der protestantischen Kirche zur neuen Pfarre in R. gehalten wurde" (B. H. V. 1916, S. 250, Anm. 45/2).
74 23. April, 15. Juni, 1. August, 22. Sept. (Heimpel, 309).
75 Hornaff = Spitzwecken (Schmeller I, 41), s. a. Handbuch des Aberglaubens IV, 338 f.
76 Kayser, 85.
77 Fink, 87.
78 Neumann, Blatt 68–71.
79 Ruine Stockenfels am Regenknie.
80 Reltis (Sittler), Geschichte und Sage der Ritterveste und Geisterburg Stockenfels bei Regensburg. Regensburg 1893.
81 Stadtamhof.
82 Lüers, 177.
83 „Alte Glaubwirdige Geschichten" (MS R 13), 291.
84 Regensburger Chronik von Elsberger (MS R 14), 228.
85 Gumpelzhaimer II, 1067: „Das Schießen daraus mit Raketen und Feuerkugeln dauerte 2 ganze Stunden."
86 VO, 53. Bd., S. 17.
87 VO, 53. Bd., S. 26.
88 Fink, 90.
89 Hosang VI, 43.
90 Alte Glaubwirdige Geschichten (MS R 13), 722.
91 Vgl. z. B. die folgenden Verse aus dem Innviertler Schwerttanz (Klier, Männertänze, Leipzig o. J., S. 11): „... hat all sein Hab und Gut vertan, er hat vertan sein Hab und Gut bis auf einen alten zerrissenen Hut; er reist das Land wohl auf und nieder, was er bekommt, versauft er wieder." Vgl. auch zu den 3 letzten Zeilen des Verses aus dem „Schreinerspiel" den Kindervers: „Hermann der Cheruskerfürst." (20 „Kinderdichtung".)
92 Nachwort Egls im „Schreinerspiel": „Kunstlich that er den Fannen schwingen."
93 Freytag-Hosang II, 65.
94 Jg. 1938, Folge 11, S. 145. Altes Flugblatt, Mitte 18. Jh.

95 Chronik des Regensburger Stadthauptmanns Schmid. (MS R 357).
96 „Halbzeit" geheißen.
97 Wissel II, 197.
98 „Kaiserliches Edict" von 1731 (in Regensburg 1765 gedruckt): „Item haben sie bey deren der Gesellen Loszählung allerhand seltsame ... Gebräuche, als Hobeln, Schleifen, Predigen, Taufen. ..."
99 Taschnerordnung des 15. Jahrhunderts (Heimpel 106).
100 „Schreinerspiel": „Hört, maister! last euch noch einß sagen: ytzt kombt St. Georgentag zum zinssen."
101 Decrete, 57.
102 Jungwirth, Ein aussterbend Handwerk (Oberpfalz XXIII), 137.
103 Fugger, Bauamtschronik (MS R, 333).
104 Schmetzer, Entwicklung des Wirtschaftslebens in Regensburg bis zum Jahre 1500 (Firmen, S. 20).
105 Dazu gab es eine eigene Tabelle, an Hand derer man erst herausfinden konnte, was die Schläge in den einzelnen Jahreszeiten bedeuteten.
106 14. Jh., RU, 713.
107 Vgl. Hartmann, Volkslieder II, 236. Strophe 23 und Anm. S. 244, Nr. 23, 4. „Bauren = Discurs über den jüngst hingerichteten Regensburger Bürger", 1723.
108 Hosang VI, 71.
109 Neumann, Blatt 23.
110 Vgl. dazu die Unterscheidung der Gebühren zwischen Hiesigen und Fremden, die sich als Meister niederlassen wollten. Wollwürkerordnung von 1453 (Zils, 130 ff.).
111 Fink, 87.
112 Merians Städtechronik.
113 DG X, 125.
114 Manchmal auch als Hahn und Henne bezeichnet.
115 Zu beiden Seiten des Westportals im Innern des Domes.
116 Hosang I, 95.
117 Schöppner, Sagenbuch der bayr. Lande. I, Nr. 115.
118 Nach Schönwerth III, 274, bedeutet in der Oberpfalz die Eidechse einen „glücklichen Angang".
119 Schlußwort des „Schreinerspiels".
120 Edelmann, 68.
121 Schmids Reg. Chronik (MS R 357).
122 Kurzer Umriß einer Geschichte der Gesellschaft des großen Stahls. Regensburg 1841, S. 15.
123 Schützenmünzen, 10.
124 Freytag-Hosang I, 41.
125 Hosang IV, 121.
126 Fugger, Bauamtschronik (MS R 333), 300.
127 Decrete, 80 ff.
128 Schützenmünzen, Nr. 13.
129 Edelmann, 10. Gemeiner III, 374.
130 Kurzer Umriß einer Geschichte des gr. Stahls, 7.
131 VO, 53. Bd., S. 15.

132 Freytag-Hosang II, 65.
133 MS R 78/1.
134 Gemeiner III, 132.
135 Mettenleiter, Oberpfalz 6. Hier ist wohl eine Radleier gemeint.
136 Plato-Wild, Regensburger Münzkabinett.
137 Plato, Nr. 222.
138 Plato, Nr. 223.
139 Plato, Nrn. 229, 231, 234.
140 Baumann, 29.
141 Mettenleiter, Regensburg, 245.
142 Mettenleiter, Regensburg, 245.
143 Kurzgef. Extr. einer Reg. Chr. 1782 (MS R 35), 383 f.
144 VO, 53. Bd., S. 15.
145 Kurzgef. Extr. einer Reg. Chr. (MS R, 35), 147 und Theobald, 28.
146 Kurzgef. Extr. einer Reg. Chr. (MS R, 35), 173.
147 Baumann, 30.
148 siehe dazu die Abschnitte „Kinder" und „Handwerker"!
149 Rothammer.
150. Hosang II, 59.
151. Mettenleiter, Regensburg, 245.
152. Lipf, 133.
153. Lipf, 157.
154 Mettenleiter, Regensburg, 246.
155 Freytag-Hosang II, 65.
156 Freytag-Hosang II, 65.
157 Lipf, 48.
158 Freytag-Hosang II, 33.
159 Freytag-Hosang I, 32.
160 Schottenloher, 207.
161 Hosang II, 8.
162 Gemeiner II, 384.
163 Gemeiner III, 373 ff. und Mitterwieser, 13.
164 Mitterwieser, 28.
165 Mitterwieser, 84.
166 Hosang IV, 6.
167 Freytag-Hosang II, 65.
168 siehe Abschnitt „Kinder und Schüler"!
169 Zu Anfang des 16. Jhs. VO, 53. Bd., S. 15.
170 Fugger, Bauamtschronik (MS R 333), 27.
171 Früher viermal.
172 Rat. Pol., 180.
173 Freytag-Hosang II, 65.
174 Hosang III, 107.
175 Schierghofer, 49.
176 VO, 62. Bd., S. 66.
177 siehe dazu: Walderdorff; VO, 82. Bd., S. 71; Oberpfalz XXXI, S. 129 usw.
178 Mettenleiter, Regensburg, 241: „Was machst du do, du scheina Boua."
179 Vgl. Gaßner, Nr. 42.

180 Lipf, 164.
181 Hosang III, 71.
182 Den Holzblock, den man am ersten Weihnachtsfeiertag im Feuer ankohlen läßt, hebt man zum Schutz gegen Gewitter das ganze Jahr durch auf. In Bayern meist „Mettenblock" genannt.
183 Rat. Pol., 312 f.
184 Decrete, 353 ff.
185 Gemeiner IV, 71.
186 Alte Glaubwirdige Geschichten (MS R 13), 159.
187 Alte Glaubwirdige Geschichten (MS R 13), 195.
188 Rat. Pol., 312 f.
189 Chronik von Raselius.
190 Schmids Reg. Chronik (MS R 357).
191 Decrete, 26.
192 Lipf, 84.
193 MS R 78/1.
194 Hartmann, Volkslieder II, S. 237. Strophe 31.
195 Schönwerth III, 48.
196 Schönwerth-Winkler, 140.
197 Heimat und Volkstum XVI (1938), S. 138 ff.
198 Decrete, 26. (1541.)
199 Lipf, 48. (1642.)
200 Gumpelzhaimer II, 1010.
201 Gumpelzhaimer II, 988.
202 Knapp, 255.
203 Knapp, 256.
204 Knapp, 256.
205 Plato, Nr. 394 und 395.
206 Darin haben wir das Venusamulett des Paracelsus zu sehen. Die zusammengezählten Zahlen ergeben auf allen Zeilen, Spalten und Diagonalen die Zahl 175. Als dritte Zahl der fünften Reihe gibt Plato fälschlich 42 an. Das Amulett verleiht die Zuneigung der Menschen. (Laars, Buch der Amulette und Talismane. Leipzig 1932, S. 241.)
207 Diese Münze verleiht Gewinn und Reichtum, Friede und Eintracht. (Laars, S. 281).
208 Chronik von Raselius.
209 Neumann, Blatt 2.
210 Kurzgef. Extr. einer Reg. Chron. (MS R 35), 354.
211 Alte Glaubwirdige Geschichten (MS R 13), 298.
212 Reg. Chr. von Elsberger (MS R, 14), 247.
213 Neumann, Blatt 79.
214 Neumann, Blatt 81 ff; Lüers, 182; Oberpfalz XXII (1928), S. 216 usw.
215 In vielen Sagenbüchern zu finden.
216 Neumann, Blatt 30 und Kurzgef. Extr. einer Reg. Chr. (MS R 35), 200.
217 Gemeiner II, 126 und Neumann, Blatt 87.
218 Kurzgef. Extr. einer Reg. Chr. (MS R 35), 351.
219 Rat. Pol., 177.
220 Freytag-Hosang I, 19.

221 Neumann, Blatt 94.
222 Paricius II, 123 und Bericht, 50.
223 Rat. Pol., 340.
224 Rat. Pol., 340.
225 Andachtsübungen.
226 Rat. Pol., 340.
227 Hosang IV, 25 und V, 71.
228 Freytag-Hosang II, 60.
229 Kunstdenkmäler II, 113 und Sepp, 197 ff.
230 ...Vgl. z. B. Schnürer-Ritz, St. Kümmernis und Volto Santo (Forschungen zur Volkskunde 13–15), Düsseldorf 1934 [s. Anm. der Verfasserin]
231 Wallfahrtszeichen, 59.
232 Wallfahrtszeichen, 62.
233 Ein Verzeichnis der Lieder von der Schönen Maria bei Gaßner, Nr. 15–20, 22.
234 Liliencron III, Nr. 340.
235 Aus Privatbesitz.
236 Aus einer Augsburger Reimchronik. (DG X, 125.)
237 Eine ausführliche Geschichte der Wallfahrt, z. B. bei Theobald 33-98.
238 Hosang V, 84 f.
239 Rat. Pol., 341.
240 siehe den Abschnitt Familie: Krankheit.
241 Merians Städtechronik u. a.
242 Nach Fugger, Bauamtschronik, 1559 angefertigt.
243 Freytag-Hosang I.
244 Kunstdenkmäler III, 90.
245 Neumann, Blatt 107 ff.
246 Hosang I, 230.
247 Schmetzer in der „Bayr. Ostmark" vom 22. 4. 1939.
248 Hormayrs Taschenbuch 1832, S. 377. (F. J. Freiholz.)
249 Mettenleiter, Regensburg, 286.
250 Knapp, 228.
251 Freytag-Hosang II, 65.
252 Forster, Frische Teutsche Liedlein II, 35 (Neudruck Halle 1903). Auch bei Böhme, Nr. 469 und bei Erk II, Nr. 451.
253 1486 stellte sich Regensburg in den Schutz des Bayernherzogs.
254 Vgl. Liliencron, Nr. 184; Böhme, Nr. 539c; Moser, 217; Gaßner, Regensburg und das Volkslied ... (Oberpfalz XXX, S. 25).
255 Liliencron, Nr. 338.
256 Freytag-Hosang II, S. 65, Nr. 38.
257 Kayser, 44.
258 VO, 62. Bd., S. 8.
259 Gemeiner III, 206; Gengler, S. 112, Anm. 22.
260 Gengler, 118.
261 Theobald, 36.
262 Fink, 90.
263 Steinerne Brücke.
264 Rat. Pol., 197.

265 Hartmann, Volkslieder II, 234.
266 Hosang II, 193.
267 Hosang IV, 1.
268 Hosang III, 107 ff.
269 Kayser, 23.
270 Lindner, 31.
271 Gengler, 96.
272 Gengler, 97.
273 Ich veröffentliche hier eine noch ungedruckte Form des Dollingerliedes (aus MS R 15). Ein Verzeichnis der Dollingerlieder bei Gaßner, Nr. 1.

Verzeichnis der in den Anmerkungen abgekürzt angeführten Druckschriften und der sonstigen Abkürzungen

Andachtsübungen: A. zu dem am H. Creutz hangenden Erlöser Jesu Christo, neben Einem Vorbericht von dem wunderthätigen Crucifix-Bild, welches in dem lobwürdigen Gotts-Hauß und Closter-Kirchen S. Salvatoris deren P. P. Augustinern in Regensburg andächtig verehret wird. Stadtamhof 1724.
Baumann: Das Regensburger Intelligenzblatt als Zeitung und Zeitspiegel. Von Hans B., Günzburg 1937. (Diss.)
Bericht: B. von denen Heiligen Leibern und Reliquien, welche in dem Fürstl. Reichs-Gottes-hauß S. Emmerami, Bischoff und Martyrers aufbehalten werden. Regensburg 1761.
BHV: Bayrische Hefte für Volkskunde. München 1914 ff.
Böhme: Altdeutsches Liederbuch. Volkslieder der Deutschen. Von F. M. B., Leipzig 1895.
Decrete: Sammlung derer von einem Wohledlen ... Cammerer und Rath der des Heil. Röm. Reichs Freyen Stadt Regenspurg an Ihre untergebene Burgerschafft von Zeit zu Zeit im Druck erlassenen Decreten. Regenspurg 1754.
DG: Deutsche Gaue. Zeitschr. f. Gesellschaftswissenschaft u. Landeskunde. Kaufbeuren 1899 ff.
Edelmann: Schützenwesen und Schützenfeste der deutschen Städte vom 13. bis zum 18. Jahrhundert. Von August E., München 1890.
Erk: Deutscher Liederhort. Auswahl der vorzüglicheren deutschen Volkslieder, nach Wort u. Weise aus der Vorzeit u. Gegenwart ges. u. erl. von L. Erk. Neu bearbeitet u. fortges. von F. M. Böhme. 3 Bde. Leipzig 1893–1894.
Fink: Regensburg in seiner Vorzeit und Gegenwart. Von J. F., Regensburg 1913.
Firmen: Das Buch der alten Firmen der Stadt u. des Industriebezirkes Regensburg im Jahre 1931. Leipzig o. J.
Freytag-Hosang: Aus der sogenannten guten alten Zeit. Von Freytag-Hosang. 2 Bde. Regensburg 1930 und 1932.
Gaßner: Bibliographie des Volksliedes im nordöstl. Altbayern. Von Heinz G., Kallmünz 1937.
Gemeiner: Regensburgische Chronik. Von C. Th. G. 4 Bde. Regensburg 1801–1804.
Gengler: Die Quellen des Stadtrechts von Regensburg. (Beiträge z. Rechtsgesch. Bayerns. 2. Heft.) Von H. G. G., Erlangen u. Leipzig 1892.
Gumpelzhaimer: Regensburgs Geschichte, Sagen u. Merkwürdigkeiten v. d. ältesten bis auf die neuesten Zeiten. Von Ch. G. G. 4 Bde. Regensburg 1830–1838.
Hartmann, Fastnachtsspiele: Regensburger Fastnachtsspiele. (Sonderabdr. aus Bd. 2 der Zeitschr. „Bayerns Mundarten".) Von August H., München 1893.

Hartmann, Volkslieder: Hist. Volkslieder u. Zeitgedichte vom 16. bis 19. Jahrhundert. 3 Bde. München 1907–1913.
Heimpel: Das Gewerbe der Stadt Regensburg im Mittelalter. Von Hermann H., Stuttgart 1926.
Hosang: Geschriebenes in Nebenstunden. Manuskr. im Bes. des Hist. Ver. Regensburg: R 2318, 1–7.
Karlinger: Im Raum der oberen Donau. Von Hans K., Salzburg u. Leipzig 1937.
Kayser: Versuch einer kurzen Beschreibung der Kaiserlichen freyen Reichsstadt Regensburg. Von Alb. Chr. K., Regensburg 1797.
Knapp: Alt-Regensburgs Gerichtsverfassung, Strafverfahren u. Strafrecht. Von Hermann K., Berlin 1914.
Kunstdenkmäler: Die Kunstdenkmäler Bayerns: „Regensburg". 3 Bde.
Liliencron: Die hist. Volkslieder der Deutschen vom 13.–16. Jahrhundert. Von Rochus v. L. 4 Bde. u. Nachtr. Leipzig 1865–1869.
Lindner: Das bürgerliche Recht der Reichsstadt Regensburg. Von Ludwig L., Regensburg 1908. (Diss.)
Lipf: Oberhirtliche Verordnungen für das Bistum Regensburg vom Jahre 1250–1852. Regensburg 1853. Von J. L.
Lüers: Bayerische Stammeskunde. Von Friedr. L., Jena o. J. [1934]
Mettenleiter, Oberpfalz: Musikgeschichte der Oberpfalz. Von Dom. M., Amberg 1867.
Mettenleiter, Regensburg: Musikgeschichte der Stadt Regensburg. Regensburg 1866.
Mitterwieser: Geschichte der Fronleichnamsprozession in Bayern. ‚Von Alois M., München 1930.
Moser: Tönende Volksaltertümer. Von H. J. Moser, Berlin-Schöneberg 1935.
MSS: Manuskripte aus dem Bes. des Hist. Ver. Regensburg. Die Titel der MSS sind in den Anmerkungen jeweils vollständig angeführt.
Neumann: Regensburger Geschichten- und Sagenbuch. Handschriftl. Aufzeichnungen Carl Woldemar N.s im Bes. d. Hist. Ver. Reg. ohne Nr. [Sign. Ms R 511]
Oberpfalz: Die Oberpfalz. Monatsschrift. Kallmünz 1907 ff.
Paricius I: Allerneueste und bew. Nachricht von … der Stadt Regensburg … Von Joh. C. P., Regensburg 1753.
Paricius II: Allerneueste und bewährte Nachricht von allen in denen Ring-Mauern der Stadt Regensburg gelegenen Reichs-Stifftern … von Joh. C. P., Regensburg 1753.
Plato: Regensburgisches Münz-Kabinett. … Von G. G. Plato, sonst Wild gen., Regensburg 1779.
Rat. Pol.: Ratisbona Politica. Regensburg 1729.
Rothammer: Der strenge Winter u. d. fürchterliche Eisgang im Jahre 1789. Von R., Regensburg 1789.
RU: Regensburger Urkundenbuch (Mon. Boic. LIII, Neue Folge VII). München 1912.
Schierghofer: Altbayerns Umritte u. Leonhardifahrten. Von Georg Sch., München 1913.
Schmeller: Bayerisches Wörterbuch. Von Andr. Schm.
Schönwerth: Aus der Oberpfalz. Sitten und Sagen. Augsburg 1857–1859.

Schönwerth-Winkler: Oberpf. Sagen, Legenden, Märchen u. Schwänke. Von Schönwerth-Winkler, Kallmünz o. J. [1934].

Schöppler: Die Geschichte der Pest zu Regensburg. Von Sch., München 1914.

Schottenloher: Das Regensburger Buchgewerbe im 15. und 16. Jahrhundert. (Veröffentlichungen der Gutenberg-Ges., XIV–XIX.) Von Karl Sch., Mainz 1920.

Schützenmünzen: Die Regensburger Schützenmünzen. Von W. Schratz, Regensburg 1883.

Sepp: Altbayr. Sagenschatz zur Bereicherung der indogerm. Mythologie. Von Joh. Nep. S., München o. J. [1876].

Theobald: Die Reformationsgeschichte der Reichsstadt Regensburg. (Einzelarb. a. d. Kirchengesch. Bayerns. XIX. Bd.) Von Leonhard Th., München 1936.

VO: Verhandlungen des Hist. Vereins v. Oberpfalz u. Regensburg.

Walderdorff: Regensburg in seiner Vergangenheit u. Gegenwart. Von Hugo Graf v. W., Regensburg 1896. [Reprint Regensburg 1977]

Wallfahrerzeichen: Die Wallfahrtszeichen zur Schönen Maria u. die übrigen Marienmünzen. (Sonderabdr. a. d. Mitteilungen d. Bayr. Numismat. Ges. VI. Jahrg. 1887. München.) Von W. Schratz.

Winkler: Heimatsprachkunde des Altbayrisch-Oberpfälzischen. Von Karl W., Kallmünz 1936.

Wissel: Des alten Handwerks Recht u. Gewohnheit. 2 Bde. Von Rudolf W., Berlin 1929.

Zils: Bayr. Handwerk in seinen alten Zunftordnungen. München o. J.

Die römischen Ziffern in den Anmerkungen bedeuten die Nummer des Bandes, bei Zeitschriften die Nummer des Jahrgangs. Die arabischen Ziffern bedeuten, wenn nicht anders vermerkt, die Seiten.

Anmerkungen der Herausgeberin

Die Ziffern beziehen sich auf die Nummern der einzelnen Abschnitte.
1. Zur Frage „Woher die Regensburger Kinder kommen" s. Böck, RS, Nr. 272 und Anm. Bei Gaßners Erklärung von „Palverwahr" habe ich meine Zweifel, s. Schmeller 1, Sp. 236: Balferwaar bzw. Bafelwaar (Opf.), der aber leider keine Erklärung gibt.
   „Dodenhemd" hat nichts mit dem Tod zu tun, vielmehr mit Dod (= Pate); s. Schmeller 1, Sp. 633 f. – Patengeschenk. s. auch Schönwerth 1, S. 171 ff.
   – „Dodenhemd" wohl identisch mit Westerhemd, dem ersten Hemd, welches die Taufpatin dem Patenkind verehrte und mit dem sich manch Aberglauben verband.
4. Grienfleisch = grünes Fleisch, Gegensatz von geräuchertem. s. Schmeller 1, Sp. 1002.
6. Sage vom Pesthündlein, s. Böck, RS, Nr. 261 mit ausführl. Anm. und Böck, RW, S. 100 f. (ohne Abb.). Volkskundlich interessant ist der Beitrag „Rosmarinwein oder: Wie man sich vor der Pestilenz schützen kann". Medizingeschichten aus Regensburg. Von Carolin Schmuck, in: Regensburg. Historische Bilder einer Reichsstadt. Regensburg 1994, S. 192 ff.
7. „Der an die Zitrone sich knüpfende Brauch geht wohl nicht über das 15. Jh. zurück. Bis zur Zeit ... erhielt sich die Verwendung der Z. im Begräbnisbrauch (Gabe an die Leichenträger, auch an wichtige Trauergäste; Grabbeigabe, Grabschmuck)" (Wörterbuch der dt. Volkskunde, S. 1000).
   Zügenglöcklein, s. Schmeller 2, Sp. 1098.
   Geistermesse:
   „Schon im 6. Jh. erzählt Gregor von Tours in seinem Buch „De gloria confessorum" die Geschichte von der Geistermesse. Ursprünglich eine Legende, die vom Gottesdienst der Engel erzählt, den ein Heiliger belauscht, wandelt sich die Erzählung zur Sage. Nun sind es Tote, dämonisch und böse, die ihre nächtliche Mette abhalten, und der Lebende, der zufällig Zeuge wird, kann sich gerade noch vor der Wut der Toten retten" (Leander Petzoldt, Deutsche Volkssagen. München 1970, S. 385).
   Die Sage von der Geistermesse im Regensburger Dom ist kaum bekannt; auch ich habe sie in meinen „Regensburger Stadtsagen" nicht aufgenommen.
15. Anm. 53: mir ist speiteln, wacheln bekannt für das Steine-springen-Lassen über das Wasser.
18. zu Paroller vgl. Schmeller 1, Sp. 401 (ein parln)?
    „Langauß, nach der Länge fort; auch als Name für eine Art Kegelstatt und Kegelspiel", Schmeller 1, Sp. 158.

20. Die Lokalbahn – das „Walhalla-Bockerl" –, die ab 1889 die Strecke Stadtamhof-Donaustauf fuhr (seit 1903 sogar bis Wörth), ist seit 1960 gänzlich eingestellt. s. dazu Bauer, S. 398 f.
Tschako = Kopfbedeckung (der Polizisten).
24. s. Böck, RS, Nr. 264 a mit Anm. und Böck, RW, S. 112, Abb. S. 113.
27. Die Brezelbuben gibt's leider schon seit langem nicht mehr.
„Hornaffen": Fasnachtsgebäck, doppeltes Hörnchen, das ungefähr wie ein rundes X aussieht. Schmeller 1, Sp. 41 und Sp. 1164 hat: Hornaff, Spitzweck. Zu Kipf s. Schmeller 1, Sp. 1273.
28. Zur Wurschtkuchl-Sage s. Böck, RS, Nr. 256 mit Anm. und Böck, RW, S. 33 ff. (ohne Abb.).
29. Bierpanscher und betrügerische Wirte: s. Böck, RS, Nr. 330 und 331, beide Male mit Anm.
Will-Erich Peukert, meine Quelle für Nr. 330, hat: Podagrawirt. Gaßner schreibt: Podagrowirt. Ich neige zu ersterem, obwohl ich mundartlich schon einmal „Borigro" für Gicht hörte (von Martha Liebl, Ndb.).
30. Standort vom Wirtshaus „Zum Goldenen Posthorn": Goldene-Bären-Str. 10 (F 72); vom ehem. Gasthof „Zum Goldenen Adler": Die Häuser Goldene-Bären-Str. 3 und 5 (F 57 $^1/_2$ und 57) gehörten bis 1812 zu e i n e m Anwesen (F 57), in dem sich die Gaststätte „Zum Goldenen Adler" befand. 1709 stieg Prinz Eugen von Savoyen hier ab; vom „Goldenen Bären" (ehem. Gasthof): Goldene-Bären-Straße 6 (F 61). Er wird bereits 1667 genannt und bestand bis in die 70er Jahre des vergangenen Jahrhunderts (Bauer, S. 115 f.).
Haus mit „Bär an der Kette", s. Böck, RS, Nr. 269 mit Anm. und Böck, RW, S. 92 ff. (Abb. S. 93).
Zu Regensburgs originellstem Wirtshausschild am „Walfisch" (Unter den Schwibbögen 21, F 143) s. Bauer, S. 45 f.
31. Faschingsspiel der Schreiner, s. Bauer, S. 457.
37. Dombaumeister: Bauer, S. 240 – Böck, RS, Nr. 253/I und II, 254/I und II (mit ausführl. Anm.). – Böck, RW, S. 38 ff., Abb. S. 39 und S. 41.
„Bruckmandl": Bauer, S. 271 ff. – Böck, RS, Nr. 253/I und II und 254/I und II – Böck, RW, S. 14 ff. (Abb. S. 15 und S. 17).
Hähne: Böck, RS, Nr. 253/I und II und Böck, RW, S. 23 f. (Abb. S. 24: alte Grafik).
Teufel und seine Großmutter: Bauer, S. 248 f. – Böck, RW, S. 62 ff. (Abb. S. 63 und 64).
„Bienenkorb": Bauer, S. 241 – Böck, RW, S. 53 ff. (Abb. S. 55).
„Der kleinste und der größte Stein" (abgegangen): Bauer, S. 276 f. – Böck, RW, S. 25 f.
„Eidechse" (abgegangen): Böck, RW, S. 27.
38. Stahlschützen, s. Bauer, S. 482 f.
39. Schützenfeste, s. Bauer, S. 484 ff.
47. „Zum Goldenen Kreuz" (Haidplatz 7, D 75), s. Bauer, S. 159 ff.
„Es gibt kaum einen Gasthof in Deutschland, der sich an Tradition mit dem ‚Goldenen Kreuz' messen kann" (wie oben, S. 159).
„Die sogenannten Kreuzbälle waren das gesellschaftliche Ereignis für Regensburg im späten 19. Jahrhundert, die Gäste aus allen europäischen Hauptstädten anzogen. Als Attraktion galt der spiegelglatte, auf Federn schwin-

gende Tanzboden, den die Besitzer Peters 1865 einbauen ließen ..." (wie oben, S. 161).

Ende der siebziger/Anfang der achtziger Jahre, als ich an den „Regensburger Stadtsagen" arbeitete, kam ich oft ins „Goldene Kreuz". Es war mein Lieblingscafé, und ich saß gern dort an einem der großen sonnigen Fenster mit Blick zum Haidplatz, freundlich begrüßt vom beflissenen damaligen Geschäftsführer, Herrn Brandl, und verführt von der Süße in den silbernen Zuckerdosen. Weil es mir nicht gelang, das Publikum einzuordnen, erkundigte ich mich einmal danach, und man sagte mir, das Lokal hätte den Spitznamen „Café Wichtig", weil es zum Sammelplatz von „Gschaftlhubern", Angebern etc. geworden sei. Das tat meiner Liebe aber keinen Abbruch.

Weichser Radi: Weichs, die uralte Siedlung an der Donau, erlangte durch den Rettichanbau, der auf eine 100jährige Tradition zurückblicken kann, über den lokalen Rahmen hinausgehende Berühmtheit (Bauer, S. 432). Die Rettichverkäuferinnen auf dem Domplatz gehören unverwechselbar zum Bild der Stadt. Die bekannteste war wohl die Beer-Mare aus Reinhausen, die viele Jahrzehnte hindurch ihre Radi vor dem „Kaiserhof" feilhielt und manche Regensburg-Broschüre mit ihrem Foto bereicherte.

48. Lukaszettel: abergläubisches Mittel gegen Behexung u. a. „Hexenrauch": „Kapucinermittel gegen Verhexung" hat Schmeller 1, Sp. 1047. s. auch Johann Pezzl, Reise durch den baierschen Kreis 1784. Faksimileausgabe der 2. erweiterten Aufl. von 1784, München 1973. Pezzl läßt seiner aufklärerischen scharfen Zunge freien Lauf, S. 197: „Hexen, und ihre Wunder leben aber immer neu auf, und erzeugen sich im Hexenrauch selbst, der sie doch nach den Predigten der Mönche meisterlich vertreiben soll."

49. „Ölberge mit beweglichen Figuren": In der Franziskanerkirche zu Dietfurt und in der Franziskanerkirche zu Berching wird die sog. „Angst", eine Andacht zur Todesangst Christi am Ölberg, noch gehalten. Auf der barocken Guckkastenbühne in Dietfurt ist die Christusfigur, wie in den anderen Kirchen auch, eine Puppe. Der Engel aber wird von einem Buben gespielt. In Berching werden beide Rollen gespielt: Christus von einem Berchinger Bürger, der Engel von einem Buben.

51. Nazarenaskreuz?

56. Welche beiden Georgs-Kapellen meint Gaßner bzw. Walderdorff hier? Einmal ist wohl die romanische Kapelle St. Georg am Wiedfang gemeint. Aber dann? St. Georg an der Halleruhr (auch St. Georg und Afra), Unter den Schwibbögen 8, F 157?

57. „Mettenstock = Holzblock, den man am ersten Weihnachtsfeiertag im Feuer ankohlen läßt und dann zum Schutz gegen Gewitter das ganze Jahr aufhebt. s. Böck, RS, Nr. 309a.

58. s. bei Böck, RS, unter „Zeichen und Zeiten" (S. 297 ff.).

59. zu Eichelschwein s. Schmeller 1, Sp. 32: über Waldmast („Geäckerich"). Kreuzerlaibl
Cappler = ? Gebäck mit Einschnitt, Kerbe?
Kreuzerweck
Hallerweckl (?), s. Schmeller 1, Sp. 883: Hallergeckeln, -röckln: „vier aneinander geschlossene Laibchen von Pollmehl".

61. Üblich ist auch: Christopheles-, Christophorusbuch und -spruch, die sich von der Eigenschaft des Chr. als Nothelfer herleiten, helfen auch beim Schatzgraben und selbst beim Zaubern.

Zum „Schatz auf der Brücke" s. Böck, RS, Nr. 257 (3 Versionen) mit ausführl. Anm.

62. Zu Dr. Fausts Kegelvergnügen s. Böck, RS, Nr. 315 mit Anm. und Hervorhebung von H. Gaßner, dem „Entdecker dieser Sage": „Dieser Hinweis läßt – neben zahlreichen anderen Indizien – erkennen, welch rühriger und exakter Heimatkundler der Lichtenwalder Lehrer Gaßner war."

„Mausmädchen", s. Böck, RS, Nr. 317.

64. Rittmeister-Sage, s. Böck, RS, Nr. 321 mit Anm.

Bischöfl. Sekretär, s. Böck, RS, Nr. 322.

65. Pfleger von Stadtamhof, s. Böck, RS, Nr. 319 mit Anm. Statt Marx von Eisen muß es heißen Marx von Bissenn …, was ich mühsam eruierte.

Augustinermönch, s. Böck, RS, Nr. 245. Vom Ausgraben des Mönches les ich hier allerdings nichts!

Poltergeist, s. Böck, RS, Nr. 324 mit Anm.

Lies Herrel, s. Böck, RS, Nr. 311 (3 Versionen) mit Anm.

„Dicke Agnes", s. Böck, RS, Nr. 313 mit ausführl. kritischer Anm.

66. Nachtigallen, s. Böck, RS, Nr. 294 und 295, mit Anm.

Redendes Hündchen, s. Böck, RS, Nr. 310 mit Anm.

68. Mönch am Blasbalg, s. Böck, RS, Nr. 249 (2 Versionen) mit Anm. und Böck, RW, S. 87 ff., Abb. S. 89.

Mönch in der Jakobskirche, s. Böck, RS, Nr. 220 mit Anm. und Böck, RW, S. 80 ff., Abb. S. 81.

69. Kreuz macht Abt sehend, s. Böck, RS, Nr. 108 mit ausführl. Anm. und alter Grafik, S. 134.

Daraus: „Das sog. Ramwoldkruzifix in St. Emmeram wird stets mit jenem Kreuz in Zusammenhang gebracht, das auf dem Kreuzaltar im Georgschor in einem Glasschrein [1980 ohne Glas!] gezeigt wird … Auf dem Benediktus-Altar kann das Kreuz schon wegen seiner Größe nie aufgestellt gewesen sein" (Achim Hubel, damals Diözesankonservator, Regensburg, Schr. vom 28. 2. 1980).

Das Kreuz des sel. Ramwold († 1000) stammt aus der 1. Hälfte des 13. Jhs., spätromanisch.

Kreuz, das in keinem „lutherischen Haus" blieb: vgl. Böck, RS, Nr. 323 mit ausführl. Anm.; Standort des Steintorsos: St. Emmeram, Benediktus-Altar im südl. (rechten) Seitenschiff.

Sprechender Gekreuzigter aus dem Niedermünster, s. Böck, RS, Nr. 72 und 73 mit Anm.

Meßopfer 1257, s. Böck, RS, Nr. 222 mit ausführl. Anm. und alter Grafik.

70. Gekreuzigtem wächst Bart, s. Böck, RS, Anm. 240, Schlußsatz. Ich fand Hinweis darauf in Anselm Godins Ratisbona Politica, S. 340.

71. Hier sei rühmend hervorgehoben: Gerlinde Stahl, Die Wallfahrt zur Schönen Maria in Regensburg (Diss. 1964 an der Universität Würzburg, bei Prof. Dr. Josef Dünninger). Sonderdruck aus: Beiträge zur Geschichte des Bistums Regensburg, Bd. 2, 1968. s. auch Böck, RS, Nr. 225–239 mit Anm. (Anm. 239 bes. ausführlich!).

Maria-Läng-Kapelle (Pfauengasse 2): Bauer, S. 49 f. – Böck, RS, Nr. 37 mit sehr ausführl. Anm.
„Unsere liebe Frau im Glaß": ich habe keinen Beleg dafür, entsinne mich auch nicht daran.
Mariaort: Bauer, S. 502 f. – Böck/Schöppner, Nr. 93 mit ausführl. Anm.
72. Napoleonshöh: „Eine Geländemulde mit der Straße nach Unterisling trennt den Galgenberg von einer östlich davon gelegenen Erhebung, die ehemals ‚Gänsberg' hieß und jetzt unter dem Namen ‚Napoleonshöhe' bekannt ist" (Bauer, S. 233) – „Nach dem Abbruch des Hochgerichts wurde es einige Jahrzehnte ruhig auf dem Galgenberg, bis 1829 ein Regensburger Brauer dort den ersten Sommerkeller eröffnete ..." (wie oben). s. auch Böck, RS, Nr. 208 mit Anm.
David und Goliath (Watmarkt) 5, F 19/20): Böck, RS, Nr. 259 mit Anm. – Böck, RW, S. 95 ff. (Abb. S. 97).
Steinbild am Haus in der Glockengasse 14 (B 27) neben der „Alten Münz": Böck, RS, Nr. 260 (3 Versionen) mit Anm. – Böck, RW, S. 108 ff. (Abb. S. 109).
73. 3 Scharfrichter: Böck, RS, Nr. 339 mit Anm. Das Geschichtchen findet sich auch bei Neumann, Ms., Nr. 177 und 178.
74. Bei Schmeller 1, Sp. 1203 ist das Lied vom „Judasaustreiben" als „4te Strophe des Kirchenliedes feria quarta septimanae sacrae" abgedruckt.
75. Juden: gründliche Ausführungen bei Böck, RS; s. dort unter Stichwort Juden. „In Glauben und Brauch hat Gelb häufig die negative Bedeutung, die ihr Goethe in der ‚Farbenlehre' zuspricht und von der er sagt: ‚Daher mögen ... die gelben Ringe auf den Mänteln der Juden entstanden sein ...'" (Wörterbuch der deutschen Volkskunde, S. 269).
76. Der Anfangssatz von diesem Abschnitt insinuiert, daß Juden sich vielleicht wegen der etwas zu milden Gerichtsbarkeit in Regensburg wohlfühlten. Außerdem gefällt mir das Nennen der Juden und „viel Gesindel" in einem Atemzug nicht. Aber weil Gaßner sonst „koscher" scheint, eliminiere ich den Absatz nicht.
Sonnenwibel-Kraut?
78. Zum Dollingerlied: Das Regensburger Dollingerlied. Von Karl Heinz Göller und Herbert W. Wurster. Regensburg 1980. Wichtig; kleines Standardwerk.

Literatur

Bauer, Karl: Regensburg. Aus Kunst-, Kultur- und Sittengeschichte. 1. Aufl. Regensburg 1962, 2. Aufl. ebd. 1970, 3. Aufl. ebd. 1980, 4. Aufl. 1991 (zitiert wird aus der 3. Aufl.)
Beranek, Franz J.: Das Rätsel des Regensburger Brückenmännchens. In: BJV 1961
Böck, Emmi: Die sagenumwobene Steinerne Brücke. In: Pustet-Almanach. 150 Jahre Verlag, Regensburg 1976
Böck, Emmi: Regensburger Stadtsagen, Legenden und Mirakel. Regensburg 1982 (= RS)
Böck, Emmi: Regensburger Wahrzeichen. Regensburg 1987 (2. Aufl. 1992) (= RW)
Böck, Emmi/Schöppner, Alexander: Bayerische Legenden. Hrsg. von E. B., Regensburg 1984
Dünninger, Josef: St. Erhard und die Dollingersage. Zum Problem der geschichtlichen Sage. In: BJV 1953, Regensburg 1953
Schmeller, Andreas: Bayerisches Wörterbuch, 2 Bde.; ich zitiere aus: 3. Neudruck der von Georg Karl Frommann bearbeiteten 2. Ausgabe München 1872–1877. Aalen 1973
Wörterbuch der deutschen Volkskunde. Neu bearbeitet von Richard Beitl. 3. Aufl. Stuttgart 1974

Sachregister

Die Ziffern beziehen sich auf die Nummern der einzelnen Abschnitte.
Ein † verweist auf die Nummern der Anmerkungen.

Abakus 63
Abzug 34, 100†
Ackergeräte 71
Adler 58
Alleemann 2
Alraune 62
Altar 48
Amulett 6, 48, 63, 206†
Anblasen 4
Anstand 34
Arbeitszeit 35
Armer Sünder 36, 44, 64
Aschermittwoch 31
Auerhahn 4
Aufstehen 34
Aufzüge 32
Augenweh 6
Ausgehen 34
Ausgespannte 49
Ausläuten 74
Ausräuchern 46

Bäcker 24–27, 52, 65†
Bäckensprung 25
Baden 2
Balg 1
Ball 47
Ballspiel 40
Bär 55
Bart 70
Bauer 52, 56
Bauernfest 47
Beerdigung 7, 75
Beil 31
Bescheidessen 4
Beschwerde 34
Beten 34
Bett 3
Bettgewand 34
Bettstatt 32
Biene 37

Bienenkorb 37
Bier 29
Bierbrauer 26, 29, 65
Birke 14
Bischof 8, 10, 41†
Bischofspiel 10, 41†
Blasbalg 68
Blauer Montag 35
Blut 3, 6
Bratwurst 28
Braut 4
Brautführer 4
Brautjungfer 4
Breze [= Brezel] 27
Brille 62
Brot 24–27, 30
Brotarten 27
Brot, selbstgewachsenes 59
Brückenbaumeister 28, 37, 64
Brückenheiliger 48
Brunnen 1, 7
Brüste 71
Burgding 77
Bürgergarde 26
– Bürgermeister 77
– Bürgerschwur 77
– Bürgerversammlung 75, 77

Christophgebet 61
Christusfigur 49, 50, 51, 69

Dicke Agnes 65
Dieb 55, 76
Dienstboten 7, 75
Dinggeld 4
Dodenhemd 1
Dollinger 39, 78
Dollingerlied 78
Dombaumeister 28, 37
Domherren 10
Donauweibchen 2

Drache 53
Dreikönig 46
Dreikönigsspiel 46
Drud 2
Dukaten 4
Dult 55

Ehrenmutter 4
Ehrentanz 4
Ehrenvater 4
Ehrlichkeit 34
Ei 1, 13
Eibenschießen 11
Eichel 59
Eidechse 37, 118†
Einschreiben 34
Eisstoß 48
„Eisstoßverbrenner" 48
Eisvogel 62
Engel 65
Erntedank 26, 54
Erntefest 73†
Erntewagen 26, 54
Evangelien 51
Ewiges Licht 6, 30†

Fahnen 32, 39
Fahnenschwingen 32, 47†, 92†
Fähnrich 32
Fangen 17
Fasenacht 10, 22, 31, 47, 75
Fasenachtsspiel 31
Faß 29
Faust, Dr. 62
Fechten 32
Feiertag 35
Feigen 6
Festplatz 40
Feuer 34, 51, 53, 58, 71
–sprung 52
–werk 31
Fieber 6
Fisch 4, 15, 16, 36, 37
Fischer 32, 36
–stechen 32
Fladen 27
Flederwisch 29

Fleisch 4
Folterkammer 72
Freiplatz 17, 72
Freisprechen der Gesellen 34
Freiung 17, 72
Freizeit 35
Friedhof 6
Fronleichnam 42, 52
Fruchtbarkeitszauber 46†
Frühlingsfest 11
Fürtuch 7

Galgen 72
Gauner 76
Gebet 4
Gebetbuch 7
Geburt 1, 1†
Gecker 40
Gefängnis 76
Gehorsam 77
Geier 3
Geigen 32
Geiger 70
Geister 7, 65, 66
Geißler 49
Geld 1, 9, 43, 45
Georg, hl. 56
Gesellen 31, 34, 36, 98†
Gespenster 7, 65, 66
Getreidewagen 26, 54
Gewächs 6
Gewächse, wunderbare 59
Gewässer 67
Gewitter 50, 51, 62–71, 182†
Gift 6
Glocken 6, 7, 20, 35, 51, 75
Glockenturm 6
Glückshafen 40, 41, 55
Glückshafenordnung 40
Glückwunsch 34
Gnadenbild 6, 71
Goldschmied 34
Goliath 72
Grabmahl 6, 7
Gregorifest 11, 41†, 48†
Gruß 34
Guldenmahl 4
Gurkengarde 47

Haar 2
Hahn 3, 37, 40, 114†
Hals 6
Halstuch 58
Hammer 8
Hand, feurige 29
Handschellen 56
Handschlag 22, 34
Hand, unsichtbare 68
Handwerker 23–37, 39, 47, 52
– feste 31, 32
– gruß 34
– lieder 33
– überlieferung 23
Hanswurst 43, 55
Hase 74
Haselhuhn 4
Haube 2, 7
Hauptmann 32
Haushaltsrechnung 7
Haussprüche 5
Heerpauker 47
Heilmittel 6
Henker 64, 73, 74
Henne 3, 4, 114†
Herbstschießen 11, 54
Herfürgang 1
Herz 6
Hexe 2, 24, 62, 71
Hexenrauch 48
Himmelfahrtstag 50
Himmelszeichen 58
Hinrichtung 36
Hobel 31, 98†
Hobeln (= Brauch) 34
Hochwasser 48
Hochzeit 4, 43
Hochzeitsmahl 4
Hochzeitsordnung 4
Holunder 6
Honigkuchen 27
Hornafen 27, 75†
Hühnerkot 6
Hund 6, 37, 66
Hungerbrote 26
Hut 34, 71

Invaliden 43, 45

Jahrmärkte 55, 76, 170†
Judasaustreiben 74
Judasblasen 74
Juden 74, 75
Judenviertel 75
Jupiteramulett 63

Kanone 52
Karfreitag 49, 75
Karfreitagspredigt 49
Karfreitagsprozession 49, 75
Karussell 55
Kegel 40
– scheiben 62
Kehraus 4
Kelch 69
Kerze 51
Kette 8, 44, 56
Kinderbischof 41†
Kinderdichtung 20
Kindtaufordnung 1
Kipfel 26, 27
Kirchenbesuch 34
Kirchenzug 32
Kirchgang 4
Kirchweih 27, 55, 170†
Kirchweihgeleit 55
Kirchweihspiele 55
Klaubauf 8
Knackwurst 28
Knecht Ruprecht 8
Knopf 34
Kochhütten 55
Köchin 7
Komet 58
Kopffluß 6
Kopfweh 6
Korb 4, 71, 65†
Krämer 55
Krako 39, 78
Krankheit 6
Kranz 4, 7, 39
Kranzmahl 47
Kranzschießen 41
Krapfen 27, 47
Kreuz 6, 51, 58, 69
Kreuzerbrot 26
Kreuzvogel 6

Kreuzzieher 49
Krieg 4, 58, 66
Krippenspiel 57
Kropf 6
Kröte 6
Küche 28
Küchel 65
Küchengeräte 71
Kufner 32
Kugeln, feurige 58
Kugelplatz 40
Kuh 24
Kümmernis, hl. 70, 230†
Kunstreiter 55
Kürschner 32, 43

Laubfrosch 3
Lederer 32
Legende 68, 69
Lehrjungen 24, 34
Leibgurt 56
Leiche 7
Leichenansager 7
Leichentrunk 7
Leonhard, hl. 56
Licht 34
Licht auslöschen 31
Lichtmeß 35
Lichtsäule 30†
Licht tränken 31
Liebe 3
Liebeszauber 3
Liegestatt 34
Lies Herrel 65
Locke 2, 36
Losen 60
Loszählung 98†
Löwe 58
Lukaszettel 48, 51
Luzier 8

Mahlgeld 4
Mahlzeiten 1, 4
Männerrollen 31
Mantel 4
Marktknecht 4
Marktschreier 55, 76
Maße 72

Maurer 37
Maus 62, 66
Mausmädchen 66
Mautzoll 75
Meister 31, 34, 36, 110†
Meistersöhne 36
Menuett 4
Messen 55, 170†
Messer 2, 8, 36
Messerschmied 36
Mettenstock 57, 182†
Metzen 4
Metzger 28, 36
Milch 65
Mönch 65, 68
Mond 6
Münzen 1, 42, 45, 63, 71, 2†
Murmel 18
Musik 4, 11, 32, 47†
Musikanten 4
Mysterien 49

Nachtigall 66
Nachtwächter 45
Namen 1, 20
Narr 32
Narragonia 47
Narrengarde 47
Narrenhäusl 72
Nase 2, 47
Nationalfeste 11, 47
Nazarenaskreuz 51
Neckverse 20
Nepomuk, Joh. v. 48
Neujahr 43, 45
Neujahrsmünzen 45
Nikolaus 8

Ochsenhaut 75
Ohrenweh 6
Ölberg 49
Ölbergandachten 49
Opfergaben 71
Orgel 68
Ostern 13, 31, 489
Osterspiel 49
Osterwasser 49

Palm 44, 51
Palmesel 12
Palmsonntag 12
Panschen 29
Pantoffel 70
Papiermacher 33
Passionsspiel 49
Pate 1
Patengeld 1
Post 4, 5, 6, 47, 58, 66, 71
Petri Schifflein 37
Pfeffern 46†
Pfefferkuchen 6
Pfeifer 4, 32, 11†
Pferde 56, 76
Pfingsten 50
Pförtner 68
Poltergeist 65
Pomeranzen 7
Prämienmünzen 41
Pranger 76
Prangerstauden 14
Prellen 75
Prinz Karneval 47
Prokurator 4
Prozession 49, 58, 71, 75
Prügel 17
Puls 6

Quelle 67

Radleier 135†
Raketen 31, 85†
Ratsherr 72
Räuber 76
Rebhuhn 4
Recht 22, 36, 72–78
Rechtsdenkmäler 72
Regensburg und Umgebung
– Abensberg 59
– Adler, goldener 30, 76
– Alte Kapelle 70
– Augustinerkirche 7
– „Bär, goldener" 30
– Bischofshof 47, 52
– Brückenmännchen 37
– Brückstraße 30
– Burglengenfeld 55

– Dom 1, 7, 20, 28, 37, 67, 70, 30†, 115†
– Dombauhütte 28
– Dominikanerinnenkloster 70
– Donau 2, 15, 28, 31, 48, 56, 62, 67, 74
– Donaustauf 59, 34†
– Emmeramskirche 68, 69, 71
– Eselsturm 37
– Fischmarkt 72
– Folterkammer 72
– Franziskanerkloster 36
– Friedhof, evang. 7
– Friedhof, St. Jakob 7
– Galgenberg 72
– Glockengasse 72
– Goliathhaus 72
– Haidplatz 55
– Haus am Mitteren Bach 5
– Haus E 48 5
– Jakobskirche 68
– Kallmünz 59
– Kapuzinerkloster 47
– Kareth 55
– Katharinenspital 26
– „Kreuz, goldenes" 47
– „Krone, goldene" 66
– Kuhgässel 24
– Kürn 36
– Lederergasse 64†
– Leonhardikirche 55
– Mang, Sankt 29
– Maria Läng 71
– Mariaort 6, 71, 29†
– Marktturm 35, 55
– Montagsche Buchhandlung 5
– Narrenhäusl 72
– Neue Pfarre 26, 55, 73†
– Niedermünster 69
– Oberer Wöhrd 32
– Obermünster 50
– Ostengasse 26
– Osterberg 6, 28†
– Pesthündlein 6
– Pestinhof 6
– Posthorn, goldenes 30
– Predigerglocke 20
– Protzenweiher 55

- Prüfening 11, 58
- Rathaus 72
- Regen 29
- Reichssaal 72
- Saliterhof 65
- Salvator, St. 65
- Schöne Maria 71, 233†, 237†
- Schießgarten 11
- Schießhaus 52
- Schuldturm 72
- Stadtamhof 36, 43, 52, 55, 65
- Steinerne Brücke 28, 37, 48, 61, 72, 75
- Stockenfels 29, 65
- Synagoge 71
- Thon-Dittmer-Haus 5
- Unterer Wöhrd 35
- „Walfisch" 30
- Westnervorstadt 28
- „Wilder Mann" 30
- Wurstküche 28
- Zeughaus 41

Reichstag 47, 52
Reiftanz 39
Reigen 16
Reklame 45, 47
Reliquien 48
Rettich 47
Richter 31, 72
Riemer 34
Ringelstechen 39, 55
Roland 72
Rose 6
Rosenkranz 68
Rosmarin 4, 7
Roßweihe 56
Ruhestörer 72
Ruten 3, 11, 46†
Rutenfest 11

Sack 32
Salz 30
Sanduhr 5
Sängerknaben 45
Sarg 7
Sauerteig 6
Schäferei 47
Schande 36, 74

Scharfrichter 73
Schatzgräber 61, 64
Schaugroschen 41, 45
Scheffel 37
Scheltbrief 74
Schenken 4, 7, 22, 34
Schere 2
Schicksalsspiele 1, 21
Schiffe 56, 74
Schießen 51, 52, 85†
Schlagbaum 4
Schleier 58
Schlittenfahrt 58
Schlüssel 1
Schnapperl 11
Schneider 33
Schneiderlied 33
Schnellen der Bäcker 24, 36, 69†, 70†
Schnepfe 4
Schnitter 26
Schnitterlied 7
Schnürtuch 7
Schöne Maria 71, 233†, 237†
Schreckgestalten 2
Schreiner 31, 32
Schreinerspiel 31, 32, 34, 100†
Schüler 8–11
Schulbischof 41†
Schuldturm 72
Schulfest 11
Schulordnung 9
Schupfen der Bäcker 24, 36, 69†, 70†
Schusser 18
Schuster 32, 36
Schützen 35, 38–42, 44, 52
Schützenfest 11, 39–41, 54
Schützenmünzen 41
Schutzheiliger 42
Schwein 75
Schwerttanz 32, 43, 91†
Sebastian, hl. 42
Seelen 28, 37, 64, 65
Semmel 24, 25, 67†
Seiltänzer 55
Sicheltanz 39
Simonstag 4, 9†
Skapulier 48

Sommertag 6
Sonne 6
Sonnenstaub 6
Sonnwend 2, 14, 53
Spanischer Esel 72
Spiele der Kinder 13, 15–21
Spielzeug 19
Spitzname 48
Spott 74
Spottlied 74
Stadtheilige 1
Stadtknechte 43
Stahlschützen 38–42
Stein 37
Steinmetz 37
Sterbeglocke 7
Stiefel 32, 71
Stirn 2, 6
Stritzel 27
Strohkranz 74
Strohsack 6
Strudellied 54†
Suppe 4
Synagoge 71

Tändler 55
Tanz 4, 16, 32, 39, 43, 46, 48, 15†, 47†, 91†
Tapezierer 34
Taube 50
Taubenmist 6
Taufe 1
Taufgeschenk 1
Taufmahlzeit 1
Teufel 27, 28, 37, 61, 64, 65
Teufelsbeschwörung 61
Teure Zeit 26
Thomas mit dem Hammer 8
Tiere, geisterhafte 66
Tierhatzen 55
Tischlied 4
Tod 5, 7
Torsperrgeld 4, 12†
Totenbein 62
Totengräber 7
Totenkopf 62
Totenlicht 7
Totenwache 7

Totenwäsche 7
Töpfer 35
Treffen, Mittel zum richtigen 44
Treue 34
Treuebruch 74
Treueschwur 77
Trommel 4, 11, 32, 47
Trompeter 47, 74
Türmer 4, 45

Uhr 35
Umritt 56
Umsingen 9, 45, 46
unehrlich 36
Unwetter 50, 51, 62, 71, 182†

Verstecken 17
Venusamulett 63, 206†
Viehfall 71
Virgatum 11, 47†
Vogel 6, 66
Vogelschießen 39
Volksschauspiel 31, 32, 34, 46, 49, 55, 57, 100†

Wacholder 6
Wachsfigurenkabinett 55
Wahrsagen 60
Wahrzeichen 24, 28, 37, 72
Waller 2
Wallfahrerlied 71
Wallfahrerzeichen 71
Wallfahrten 6, 71, 233†, 237†
Wanderschaft 34
Wappen 1
Warze 2
Waschwasser 34
Wasserhexe 2
Wassermann 2
Wassernot 48
Wasserschöpfen 29
Wechselbalg 1
Wegwarte 6
Weihnachten 35, 57
Weihnachtsspiel 57
Wein 4, 34
Weinlese 54
Weissagen 65

Werkstatt 34
Werkzeug 34
Wetten 22, 37
Wetterläuten 51
Wetzstein 36
Wiedehopf 3, 44, 61
Wilder Mann 30, 40
Wildpret 47
Wind 64, 65
Windmühle 45
Wirt 4, 29, 65
Wirtshaus 30, 57, 76
Wirtshausschilder 30
Wochenbett 1
Wunden 6
Wundsegen 6

Würfel 40
Würste 28, 47

Zahlenformeln 63
Zahnschmerz 6
Zauberer 60, 62, 71
Zehren 34
Zeitung 45, 47
Zirkel 32
Zirkus 55
Zitrone 7
Zopf 2
Zopfabschneider 2, 36
Zuckerwerk 12
Zünfte 23–37, 52, 75
Zunftlied 33
Zutrinken 34